БИБЛИЯ

в пересказе

ДЛЯ ДЕТЕЙ

БИБЛИЯ

ВЕТХИЙ И НОВЫЙ ЗАВЕТ

в пересказе

ДЛЯ ДЕТЕЙ

Российское Библейское общество

Москва 2006

ISBN 5-85524-204-8

ВЕТХИЙ ЗАВЕТ

В пересказе о.Сергия Овсянникова
Литературный редактор: Анна Твердовская
Научный редактор: Евгений Рашковский

НОВЫЙ ЗАВЕТ

В пересказе Юрия Табака
Литературные редакторы:
о. Георгий Чистяков,
Анна Твердовская

ВЕТХИЙ ЗАВЕТ

Сотворение мира

Быт 1:1-25; 2:4-6

В начале сотворил Бог небо и
землю. Земля была пуста и темна.
Только Дух Божий витал над
водами.

И сказал Бог: «Пусть будет
свет».

И появился свет.

Бог назвал свет днем, а тьму —
ночью. И был вечер, и было утро:
день первый.

Сказал Бог: «Пусть будет небо,
чтобы отделять воду в облаках от
воды на земле».

И стало так. И был вечер, и
было утро: день второй.

Сказал Бог: «Пусть среди
вод появится суша».

И назвал Бог сушу землей, а собрание вод — морями.

Сказал Бог: «Пусть на земле вырастет всякая зелень: трава и деревья».

И стало так. И увидел Бог, что это хорошо. И был вечер, и было утро: день третий.

Сказал Бог: «Пусть будут светила на небе, чтобы отделять день от ночи».

Создал Бог звезды и два светила: большее — для дня и меньшее — для ночи. И увидел Бог, что это хорошо. И был вечер, и было утро: день четвертый.

Сказал Бог: «Пусть в водах родится жизнь, и пусть птицы полетят над землей под небесами».

И сотворил Бог рыб и все морские существа, и всех птиц.

И увидел Бог, что это хорошо. И был вечер, и было утро: день пятый.

Сказал Бог: «Пусть земля родит зверей и разных животных».

И стало так. И увидел Бог, что это хорошо.

Так сотворил Бог небо и землю, и все, что на земле. Но не было еще человека, который мог бы возделывать землю и ухаживать за ней.

Сотворение человека

Быт 1:26-2:3; 2:7, 18-24

В шестой день Бог сказал: «Создадим человека по образу Нашему и по подобию Нашему. И пусть царствуют люди, которых Мы создадим, над рыбами морскими и над птицами небесными, и над всеми животными, и над всей землей».

Так Бог и сделал: Он сотворил человека по образу и подобию Своему. Он создал человека из земли, а потом дыханием жизни дунул ему в лицо — и человек ожил.

Потом Бог привел к человеку всех животных, чтобы он дал им имена. И человек назвал всех животных и дал имена птицам небесным и зверям полевым. Но еще Господь Бог хотел, чтобы человек выбрал себе друга, который помогал бы ему во всем. «Нехорошо человеку быть одному», — сказал Бог.

Но из всех животных не нашлось помощника, равного человеку. Тогда Господь Бог навел на человека крепкий сон; когда же тот уснул, Бог вынул одно из его ребер, создал из этого ребра женщину и привел ее к человеку.

На этот раз человек сказал: «Да, вот это кость от костей моих и плоть от плоти моей. Пусть она будет называться женщиной».

Так и стало с тех пор, что человек оставляет своих родителей и

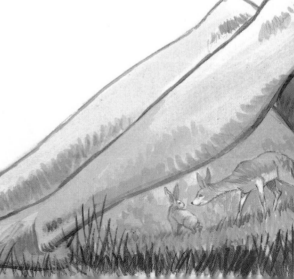

живет со своей женой. И становятся они двое, как один человек.

Благословил их Бог и сказал им: «Плодитесь на земле и наполняйте ее, владейте землею, владычествуйте над морскими рыбами и над птицами небесными. В пищу Я даю вам всякую траву и плоды деревьев. И всему живому на земле Я даю в пищу траву».

И увидел Бог, что все то, что Он создал — хорошо. И был вечер, и было утро: день шестой.

Так к седьмому дню Бог закончил творить мир. Поэтому Он благословил седьмой день и освятил его.

Изгнание из рая

Быт 2:8-17, 25; 3

Когда Господь Бог создавал мир, Он выбрал особое место на востоке и насадил там райский сад. Там текли реки и росли деревья. Многие деревья были прекрасны, и их плоды были хороши для еды, но среди них было два особых дерева. Одно из них — Древо жизни, а другое — Древо познания добра и зла.

Там поселил Бог человека, чтобы он возделывал этот сад и хранил его.

И сказал Господь Бог человеку: «В этом саду ты можешь есть любые плоды, со всякого дерева. Но только плоды с Дерева познания добра и зла никогда не ешь. Если же ты сорвешь этот плод и съешь его, то умрешь».

Адам и его жена тогда еще не носили никакой одежды и ходили нагими, но никого не стыдились.

Всякие звери и птицы жили в раю. Среди них был змей, и был он самым хитрым среди зверей. И решил он сделать так, чтобы человек нарушил Божью заповедь.

Как-то раз он спросил женщину: «Скажи, правда ли, что Бог запретил вам есть плоды от всех деревьев, что растут в этом саду?»

«Нет, — ответила женщина змею, — совсем не так. Мы можем есть плоды любого дерева. Только плоды дерева, которое растет посреди сада, нам есть нельзя, потому что Бог сказал: „Не ешьте от этого дерева и не прикасайтесь к нему, а то вы умрете"».

Тогда змей сказал: «Нет, вы не умрете! Но Бог знает, что в тот день, когда вы попробуете этих плодов, ваши глаза откроются, вы узнаете, что такое добро и что — зло, и сами станете как боги».

Женщина посмотрела на дерево еще раз, увидела его плоды и подумала, что они выглядят весьма привлекательно и наверняка должны быть вкусными. И тогда она сорвала плод с дерева и съела его, а другой дала своему мужу, чтобы и он попробовал. Когда же они поели тех плодов, то вдруг увидели свою наготу и застыдились.

С этого момента все изменилось. Адаму и его жене казалось, что изменился мир, но изменились

они сами: ведь они нарушили свои отношения с Творцом. Впервые в своей жизни Адам испугался Бога.

«Где ты, Адам?» — позвал его Господь.

Но страх овладел человеком, и он спрятался вместе с женой среди деревьев. Господь Бог вновь позвал его, и тогда Адам ответил Ему: «Я спрятался, потому что боюсь, и мне стыдно, что я совсем голый и на мне нет никакой одежды».

«Кто сказал тебе, что ты голый? — спросил его Бог. — Уж не ел ли ты плодов того самого дерева, от которого Я запретил тебе есть?»

Адам не знал, что ответить, и сказал:

«Это не я, а жена, которую Ты дал мне, это она первая сорвала плод, а другой дала мне».

Тогда Бог спросил женщину:

«Что же ты сделала?»

Но женщина тоже боялась и сказала:

«Это змей виноват, он уговорил меня, чтобы я сорвала плод».

Бог сказал змею:

«За это ты будешь проклят».

А потом сказал Адаму:

«За твое непослушание, за то, что ты ел плоды запретного дерева, вся земля будет проклята. И жизнь твоя больше не будет легка, а будешь ты в поте лица своего добывать себе хлеб. И ты умрешь и возвратишься в землю, из которой создан».

Сделал Бог Адаму и его жене кожаную одежду и выслал их из райского сада, чтобы они возделывали землю. А у входа в сад поставил херувима и вращающийся огненный меч, чтобы охранять путь назад, в рай и к Древу жизни.

Тогда Адам дал имя своей жене и назвал ее Ева. Она стала матерью всех людей, что родились на земле.

13

Каин и Авель

Быт 4:1-16

Адам и Ева были первой семьей на земле. Нелегко было им жить, нелегко искать пропитание и выращивать хлеб.

Шло время, и у них появились дети. Первым родился мальчик, которого назвали Каин. Потом родился еще мальчик, и его назвали Авель.

Братья выросли и начали помогать родителям. Авель стал пастухом, а Каин трудился в поле и стал земледельцем.

Наступило время урожая, а в стадах появились ягнята. Братья решили поблагодарить Бога: отдать часть урожая и приплода. Каин принес в дар Господу плоды, которые дала земля. А Авель выбрал в жертву молодого ягненка из своего стада. И случилось так, что Господь обратил внимание на дары Авеля, а на приношение Каина внимания не обратил. Каину стало обидно, и он пошел прочь, опустив голову. Тогда Господь сказал ему:

«Почему ты обиделся? Если ты делаешь добро, то тебе не о чем печалиться. А если ты не делаешь добра, то берегись: грех будет подстерегать тебя».

Но Каин не слушал слов Господа, им овладели зависть и ревность. Он сказал Авелю: «Пойдем в поле». И когда они дошли до поля, Каин бросился на брата и убил его.

Господь сказал Каину:

«Где Авель, твой брат?»

Но Каин отвечал Ему:

«Не знаю: разве я сторож моему брату?»

И сказал ему Господь:

«Что ты сделал? За то, что ты пролил кровь Авеля, ты проклят и будешь скитальцем на земле».

Каин испугался:

«Ведь меня кто-нибудь убьет во время моих скитаний!»

Тогда Господь сделал Каину мету, чтобы никто не убил его, и он отправился в изгнание.

Ноев ковчег

Быт 6:5-9:17

Прошли годы и столетия. У Адама и Евы родились еще сыновья и дочери. И у Каина родились дети. А у тех детей — свои дети. На земле продолжалась жизнь.

Но со временем люди стали отдаляться от Бога и делать все больше и больше злых дел. В конце концов все их мысли и стремления обратились на зло. И тогда Господь пожалел, что создал человека, и сказал: «Истреблю все живое на земле, потому что никто уже не делает добра; истреблю и людей, и скот, и птиц небесных».

Но был на земле человек, который отличался от всех остальных. Звали его Ной. Что бы он ни делал, он призывал Бога, зная, что Бог видит все его дела: Ной был праведен.

И сказал Бог Ною: «Вся земля наполнилась злом. Я наведу потоп на землю, чтобы истребить всякую жизнь. Но с тобой Я заключу союз. Сделай себе огромный корабль, ковчег. Потом войди в этот ковчег со всей своей семьей: с женой, сыновьями и женами сыновей. Но спасешься не только ты: возьми с собой по паре самых разных животных и птиц, чтобы и они остались в живых. И запаси побольше всякой пищи для людей и для животных».

Ной сделал все, как повелел ему Бог. Пришел назначенный день, раскрылись все источники вод, и лился дождь на землю сорок дней и сорок ночей. В первый же день Ной вошел в ковчег вместе со своими сыновьями, которых звали Сим, Хам и Иафет, и со своей женой, и с женами сыновей. Вошли в ковчег и звери, и птицы, как повелел Господь.

Вскоре вода затопила всю землю и подняла ковчег, так что он поплыл над землею. Потом поднялась еще выше и покрыла высокие горы. Тогда все живое на земле погибло. Вода же поднималась на земле еще сто пятьдесят дней.

По прошествии этих дней Бог навел на землю ветер, и дождь прекратился. Но ковчег долго

17

еще носило по водам. Потом показались вершины гор. Тогда ковчег остановился на Араратских горах.

Прошло еще сорок дней, и Ной открыл окно в ковчеге и выпустил ворона, чтобы узнать, ушла ли вода с поверхности земли. Но ворон улетал и возвращался вновь, потому что земля еще не высохла от воды. Тогда Ной выпустил голубя, но и тот не нашел для себя места на земле и возвратился в ковчег. Прошло еще семь дней, и Ной опять выпустил голубя. На этот раз голубь вернулся, неся в клюве свежесорванный масличный лист. Ной подождал еще семь дней и опять выпустил голубя, но на этот раз он уже не вернулся.

Земля обсохла, и Ной вышел из ковчега и вывел всех животных, которые были с ним. Он решил отблагодарить Бога за свое спасение, устроил жертвенник Господу и принес на нем в жертву разных животных. Господь увидел чистосердечие Ноя и сказал:

«Больше Я не буду проклинать землю за человека, и не буду больше губить все живущее на земле».

Благословил Бог Ноя и его сыновей и сказал им:

«Плодитесь и размножайтесь, и наполняйте землю. Я отдаю вам в руки всех зверей земных, и всех птиц, и всех рыб морских, и они будут бояться вас. Я разрешаю вам использовать в пищу все живое, как раньше траву.

Но берегитесь проливать кровь человека: ведь человек создан по образу Божию».

Сказал Бог Ною и его сыновьям: «Я устанавливаю с вами и с вашими потомками, и со всеми зверями и птицами, Мой союз. Я не буду больше губить землю потопом. А знаком завета, который Я даю, станет радуга. Пусть она будет вечным знамением союза между Мною и землей».

Вавилонская башня

Быт 11:1-9

Прошли столетия. Люди вновь расселились по всей земле. И был у них в то время один язык и одни и те же слова. Но вот они решили создать нечто великое. Захотели они построить себе город, и в нем огромную башню высотою до небес, чтобы увековечить свое имя.

Тогда Господь сошел посмотреть на город и башню, которые строили люди, и сказал:

«Вот один народ, и у них один язык — и вот, что они начали творить. Сойдем же и смешаем их языки, чтобы они не могли понять друг друга».

И Господь рассеял их оттуда по всей земле, так что они не смогли продолжать свое строительство.

А городу тому дали имя Вавилон.

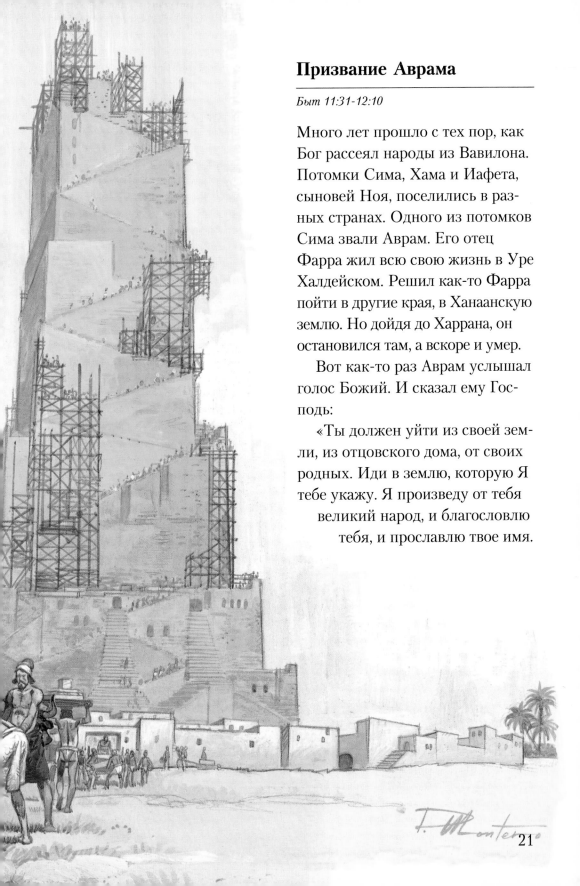

Призвание Аврама

Быт 11:31-12:10

Много лет прошло с тех пор, как Бог рассеял народы из Вавилона. Потомки Сима, Хама и Иафета, сыновей Ноя, поселились в разных странах. Одного из потомков Сима звали Аврам. Его отец Фарра жил всю свою жизнь в Уре Халдейском. Решил как-то Фарра пойти в другие края, в Ханаанскую землю. Но дойдя до Харрана, он остановился там, а вскоре и умер.

Вот как-то раз Аврам услышал голос Божий. И сказал ему Господь:

«Ты должен уйти из своей земли, из отцовского дома, от своих родных. Иди в землю, которую Я тебе укажу. Я произведу от тебя великий народ, и благословлю тебя, и прославлю твое имя.

21

И через тебя благословятся все народы земли».

Аврам послушался голоса Божия и пошел, как сказал ему Господь. А был он уже не молод: ему было семьдесят пять лет, когда он ушел из Харрана. Вместе с ним ушли Сара, его жена, Лот, его племянник, и множество слуг. Они направились в Ханаанскую землю.

Когда же они дошли до той земли, до места Сихема, до дубравы Море́, Господь вновь явился Авраму и сказал:

«Эту землю Я отдам твоим потомкам».

Тогда Аврам поставил в том месте жертвенник Господу. Но в то время был сильный голод, и Аврам двинулся дальше, в Египет.

Рождение Измаила

Быт 13:2; 15:1-6; 16

Долго странствовал Аврам, стал богат и скотом, и серебром, и золотом, и только одно огорчало его: у него все еще не было детей. И стал Аврам жаловаться Господу. Тогда Господь вновь явился ему и сказал:

«Не бойся, Аврам, Я с тобой, и твоя награда будет велика».

Но Аврам ответил:

«Владыка, Господи, что же Ты дашь мне? Я скоро умру бездетным, и в моем доме останется хозяином Елиезер, мой слуга и домоправитель. Ведь Ты, Господи, не дал мне потомства».

Господь же сказал:

«Нет, твоим наследником будет не слуга, а тот, кто родится у тебя. Встань, выйди из шатра и посмотри на небо. Попробуй сосчитать звезды. Сколько звезд на небе — столько будет у тебя потомков».

Странно было это слышать Авраму. Но он поверил Богу.

Время шло, а Сара, жена Аврама, не рожала ему детей. У нее была служанка родом из Египта, по имени Агарь. И Сара сказала Авраму:

«Я не могу родить тебе детей, но, может быть, моя служанка родит, и тогда я буду считать этих детей своими. Возьми ее в жены».

Скоро стало известно, что Агарь ждет ребенка. И тогда она

стала презирать свою госпожу и относиться к ней высокомерно. Сара опечалилась, стала жаловаться Авраму, а служанку свою стала притеснять. Тогда Агарь убежала от Сары в пустыню.

Там нашел ее ангел Господень и спросил:

«Агарь, служанка Сары, откуда ты пришла и куда идешь?»

Стала Агарь горько жаловаться на свою судьбу.

«Вернись к своей госпоже, — сказал ей ангел, — и будь ей послушна. А когда родишь сына, назови его Измаил. Он будет чело-

век неукротимый, и от него произойдет многочисленный народ».

Настал срок, и Агарь родила сына. Было же тогда Авраму восемьдесят шесть лет.

Господь повторяет Свое обещание

Быт 17:1-5, 15; 18:1-16

Прошло еще несколько лет, а детей у Аврама и Сары так и не было. Но Господь вновь явился ему и сказал: «Я Бог Всемогущий, верь Мне и будь праведен. И Я заключу с тобой завет, и ты будешь отцом множества народов.

А чтобы ты помнил это, не называй себя больше Аврам: твое имя теперь Авраам, а твоей жене будет имя Сарра».

Однажды в жаркий день Авраам сидел у входа в свой шатер, который стоял у дубравы Мамре. Вдруг видит: напротив него остановились три путника. То был Сам Господь, явившийся в таком образе. Авраам поспешил к странникам, поклонился до земли и сказал: «Владыка! Не пройди мимо моего дома. Отдохните, сейчас приготовят воды, чтобы вам умыться, а я принесу хлеб». Путники согласились. Авраам поспешил к Сарре: «Испеки самый лучший хлеб, и пусть заколют теленка».

Когда все было готово, Авраам сам подал гостям еду и встал подле них под деревом.

Путники спросили его: «А где Сарра, твоя жена?» Он отвечал:

«Здесь, в шатре». Тогда Авраам услышал такие слова: «Я возвращусь к тебе через год в это же время, и у Сарры уже будет сын».

Сарра тоже слышала сказанное и рассмеялась про себя — ведь она была уже так стара! Разве может вернуться молодость? Господь сказал Аврааму: «Почему Сарра смеется? Разве есть что-нибудь невозможное для Господа?» Сарра испугалась и сказала: «Я не смеялась».

А путники встали и направились к городу Содому, и Авраам пошел с ними, чтобы проводить их.

Содом и Гоморра

Быт 18:20-23, 32-33; 19:1, 15-28

О городах Содоме и Гоморре шла дурная слава. И Господь сказал Аврааму: «Грех Содома и Гоморры очень велик. Если их жители действительно таковы, как о них говорят, то Я покараю их и разрушу эти города». Но Авраам сказал Ему: «Не прогневайся, Господи,

на мой вопрос: если в этом городе
найдётся хотя бы десять праведных людей — неужели Ты погу-
бишь их вместе с грешниками и
не пощадишь этого места?»
Господь отвечал Аврааму: «Если
найдётся в городе десять праведников — Я пощажу его ради них».

А в Содоме жил Лот, племянник Авраама. И вот, пришли в
Содом два ангела, но не нашли
праведных людей, кроме Лота.
Когда взошла заря, ангелы стали
торопить его: «Вставай, возьми
жену и двух своих дочерей и беги
из этого места, не оглядываясь,
потому что мы должны погубить

его». Но Лот медлил. Тогда ангелы взяли его за руку и вывели их
за пределы города.

Взошло солнце, когда Лот
пришел в город Сигор. Тогда Господь пролил дождем серу и огонь
и разрушил Содом и Гоморру и
все, что было в их окрестности. В
тот самый момент жена Лота не
утерпела, оглянулась, чтобы
посмотреть назад, и превратилась
в соляной столб.

Рано утром Авраам встал и
пошел к тому месту, где он стоял
когда-то перед Господом. Посмотрел он на Содом и Гоморру и
увидел: только дым поднимается,
как из печи, над тем местом.

Жертвоприношение Авраама

Быт 21:1-7; 22:1-19

Как обещал Господь, так и случилось: у Авраама и Сарры родился
сын. И назвали его Исаак.

Сарра все еще очень удивля-
лась, что у нее на старости лет
родился ребенок. Она говорила:
«Люди будут смеяться, когда
узнают, что я кормлю грудью
младенца».

Мальчик рос и был любимцем
всей семьи. Авраам же любил его
особо.

Но вот Бог решил испытать Авраама, велика ли его вера, и сказал ему: «Авраам!» Авраам ответил: «Вот я».

«Возьми своего единственного сына, которого ты любишь, Исаака, и пойди в землю Мориа. Поднимись на вершину горы, которую Я укажу, и там принеси своего сына в жертву».

Ничего не сказал Авраам. Встал он рано утром, оседлал осла, наколол дров для жертвенного костра, взял с собой Исаака и двух слуг и отправился в путь.

На третий день пути он увидел место, указанное Богом, и сказал слугам: «Вы оставайтесь здесь, а я с сыном поднимусь на гору. Мы поклонимся нашему Богу и вернемся к вам».

Авраам взял огниво и нож, Исаак — дрова, и они продолжили путь вдвоем.

«Отец мой», — обратился Исаак к Аврааму.

«Да, мой мальчик», — отозвался Авраам.

«Вот огниво и дрова. А где же ягненок для жертвоприношения?»

Авраам отвечал ему: «Бог Сам выберет Себе ягненка, годного для жертвы».

Наконец они достигли назначенного места. Авраам устроил там жертвенник, разложил на нем дрова и, крепко связав мальчика, положил его сверху. Затем протянул руку и взял нож, чтобы заколоть своего сына.

Но тут он услышал голос ангела Господня: «Авраам! Авраам!» «Я слышу, Господи», — отозвался тот. «Не трогай мальчика: теперь Я знаю, что ты любишь Бога и не пожалел для Меня своего единственного сына».

Тут Авраам увидел барана, который запутался рогами в кустарнике, и принес его в жертву Господу вместо своего сына.

И сказал Аврааму ангел: «За то, что ты не пожалел для Бога своего единственного сына, Господь благословит тебя. У тебя будет столько потомков, сколько звезд на небе и песчинок на морском берегу. И все народы на земле благословятся через тебя».

Авраам вернулся к своим слугам, и они отправились вместе в Вирсавию.

Ревекка

Быт 23; 24

Сто двадцать семь лет было Сарре, когда она умерла. Авраам горько оплакивал ее и решил похоронить с честью. Он купил участок земли у одного человека, жившего по соседству, и похоронил Сарру в пещере, что была на той земле. Так у рода Авраама появилось место для погребения в земле Ханаанской, обещанной Господом его потомкам.

Тем временем, состарился и Авраам. И вот он дал поручение своему рабу, чтобы тот отправился в далекий путь — на родину Авраама, где жила семья его брата Нахора. Там раб должен был выбрать девушку и привести ее в жены Исааку.

Раб поклялся в точности исполнить приказ. Он взял десять верблюдов и разные сокровища своего господина и отправился в город, где жили дети Нахора.

И вот однажды вечером он остановил своих верблюдов у колодца, что был совсем неподалеку от города. Это было в то время дня, когда женщины выходили за водой. И раб обратился к Господу с молитвой: «Господи, Боже моего господина Авраама! Пошли мне сегодня навстречу ту, что я ищу. Пусть девушка, у которой я попрошу напиться и которая напоит и меня, и моих верблюдов, и будет той, которую Ты предназначил для Исаака».

Не успел он вымолвить эти слова, как увидел прекрасную девушку, которая шла к колодцу с кувшином на плече. Он побежал ей навстречу и попросил: «Дай мне немного попить из твоего кувшина!» «Пей, господин мой», —

ответила она. И когда напоила
его, сказала: «Подожди, я наберу
воды и для твоих верблюдов».

Посланец Авраама изумился:
он не мог поверить, что исполни-
лась его просьба, обращенная к
Господу. «Как тебя зовут и чья ты
дочь?» — спросил он у девушки.
«Я Ревекка, дочь Вафуила, сына
Нахора», — ответила она.

Тогда раб достал золотые
украшения и подарил их ей.

31

Ревекка убежала домой рассказать о необычном путнике, а он упал на колени и возблагодарил Господа, Который не оставил Своей милостью Авраама и привел его посланца прямым путем в дом Нахора.

И вот к путнику вышел брат Ревекки Лаван и пригласил его в дом. Там раб рассказал о судьбе Авраама, о Сарре и об Исааке; о том, зачем он был послан и как нашел Ревекку, — и попросил отпустить ее Исааку в жены. Отец и брат Ревекки отвечали: «Видно, тебя и впрямь привел Господь. Как же мы можем тебе отказать? Забирай Ревекку, и пусть она будет женой сыну твоего господина».

Посланец одарил семью девушки богатыми подарками и поспешил вместе с Ревеккой в обратный путь.

Когда они подходили к владениям Авраама, Ревекка увидела Исаака, вышедшего в поле. Она сошла с верблюда и спросила: «Кто этот человек, что идет нам навстречу?» «Это Исаак, мой господин», — ответил раб.

Когда Исаак приблизился, раб рассказал ему, как он нашел девушку, предназначенную ему в жены. Исаак увидел, как она красива, и полюбил ее.

Исав и Иаков

Быт 25:20-34; 26:34-35

Исааку было сорок лет, когда он женился на Ревекке. Он очень любил свою жену. Но у них долго не было детей.

Между тем скончался Авраам. Он умер в глубокой старости: ему было тогда сто семьдесят пять лет. Исаак и Измаил похоронили его в пещере рядом с Саррой.

Наконец Господь услышал молитвы Исаака, и Ревекка зачала двоих сыновей. Еще не родившись, они начали бороться между собой.

Господь сказал Ревекке:

«Ты носишь в себе два племени, и от тебя произойдут два разных народа. Один народ сделается сильнее другого, но больший будет служить меньшему».

Когда настало время, Ревекка родила близнецов. Первый появился на свет весь красный и косматый. Ему дали имя Исав. Его брат родился, держась рукой за пятку Исава. Его назвали Иаковом. Сыновья родились, когда Исааку было уже шестьдесят лет.

Дети выросли. Исав стал искусным охотником. Иаков же был человеком кротким и любил оставаться дома. Исаак больше любил Исава, а Ревекка — Иакова, который всегда был подле нее. Иаков завидовал брату — ведь тот родился первым и, стало быть, должен был получить отцовское благословение и стать наследником.

Как-то раз Исав пришел с охоты усталый и голодный и закричал Иакову: «Дай мне скорее поесть!»

«Хорошо, — ответил Иаков, — но за это уступи мне свое первородство, и пусть считается, что это я родился первый, а не ты».

Исав согласился: «Я умираю от голода. На что мне это первородство?» Тогда Иаков накормил его хлебом и чечевичной похлебкой.

Когда Исаву исполнилось сорок лет, он взял в жены двух девушек из чужого племени, живущих по соседству. Исаак и Ревекка не любили их. Иаков же не был женат.

Исаак благословляет сыновей

Быт 27:1-33, 41-45; 28:3-4

Прошли годы; Исаак состарился и почти ослеп. Однажды он позвал к себе Исава и сказал ему: «Возьми свой колчан и лук, пойди в поле, настреляй дичи и приготовь мне кушанье, какое я люблю. А потом я благословлю тебя, прежде чем умру».

Исав отправился на охоту, как повелел отец. Ревекка же, которая все слышала, сказала Иакову: «Послушай меня и сделай все, что я тебе скажу. Принеси мне пару молодых козлят из нашего

стада. А я приготовлю их так, как любит отец. Тогда он благословит тебя вместо Исава». «Но как же это может быть? — отвечал Иаков. — Ведь отец подзовет меня к себе для благословения и сразу же обнаружит обман, потому что Исав весь косматый, а у меня кожа гладкая. И вместо благословения я наведу на себя проклятие».

Но Ревекку это не смутило, потому что она была хитра. Она приготовила кушанье, одела Иакова в одежду Исава, а руки и шею его обвязала козлиными шкурами.

Иаков пришел к отцу и подал ему еду. Исаак удивился, что Исав так быстро вернулся с добычей.

«Господь послал мне удачу», — ответил Иаков. Тогда Исаак подозвал его к себе, ощупал и пробормотал: «Голос — будто голос Иакова, а вот руки — будто руки Исава...» И не узнал Иакова.

Затем Исаак отведал кушанья, приготовленного Ревеккой, выпил вина и подозвал к себе сына для благословения.

«Пусть даст тебе Бог от росы небесной и от щедрот земли, и множество хлеба и вина. Пусть народы служат тебе, и пусть тебе поклонятся племена земли. Будь господином над твоими братьями. Проклинающие тебя будут прокляты, благословляющие тебя — благословенны!»

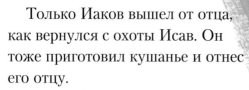

Только Иаков вышел от отца, как вернулся с охоты Исав. Он тоже приготовил кушанье и отнес его отцу.

«Кто ты?» — спросил Исаак. «Я Исав, твой первенец», — ответил тот. Тогда Исаак воскликнул: «Кто же принес мне дичь, которую я ел до твоего прихода? Ведь я благословил его, и он теперь будет благословен!» Услышав это, Исав заплакал.

И возненавидел Исав Иакова, отнявшего у него не только первородство, но и благословение, и задумал убить брата. Узнав об этом, Ревекка велела Иакову бежать к Лавану, ее брату, и жить там, покуда ярость и гнев Исава не стихнут.

Перед дорогой Исаак позвал к себе Иакова и сказал ему: «Пусть благословит тебя Бог Всемогущий, и умножит твое потомство, и произведет от тебя множество народов. Ты будешь наследовать землю, которую Бог дал Аврааму».

Сон Иакова

Быт 28:10-19

И вот, Иаков пустился в путь. Однажды вечером, когда солнце уже зашло, он остановился на ночлег. Положил камень себе под голову и лег спать.

И приснился ему сон: стоит на земле лестница, а верхушкой касается небес. По лестнице поднимаются на небо и спускаются на землю ангелы. А на вершине Иаков увидел Господа. И Господь сказал: «Я Господь, Бог Авраама и Бог Исаака, твоего отца. Землю, на которой ты лежишь, Я дам тебе и твоим потомкам. И будет твое потомство многочисленным, как песок земной: оно распространится по всему свету, и через него придет благословение на все народы земли. Куда бы ты ни пошел, Я буду с тобой и возвращу тебя в эту землю. Я не оставлю тебя».

Проснулся Иаков и понял, что Сам Господь явился ему на этом месте. Тогда он взял камень, на котором спал, и поставил его как памятник, и возлил на него масло. «Как страшно это место! Наверное, это дом Божий, это ворота в Небо!» — воскликнул Иаков. Так и назвал он это место — Вефиль, что значит «Дом Божий».

Иаков у Лавана

Быт 29:13-30

Лаван встретил Иакова гостеприимно и поселил его в своем доме. Иаков стал работать на Лавана. Как-то раз Лаван сказал ему: «Неужели ты будешь служить мне даром, только потому, что ты мой родственник? Скажи, какую ты хочешь плату за свой труд?»

А у Лавана было две дочери. Старшая, Лия, была слаба глазами; Иакову она не нравилась. Зато младшая, Рахиль, была красива и лицом, и станом, и Иаков полюбил ее. И вот он ответил Лавану: «Если ты отдашь мне в жены твою младшую дочь, я буду служить тебе за нее семь лет».

Лаван согласился. А Иаков так любил Рахиль и так мечтал о ней, что семь лет пролетели для него, как семь дней. И вот наступил назначенный срок. Лаван устроил пышную свадьбу. Но вечером, после пира, он привел в шатер к Иакову вместо Рахили Лию, свою старшую дочь, закутанную в покрывало.

Иаков обнаружил обман лишь утром. Разгневанный, он пошел к Лавану: «Что же ты со мной сделал?! Разве я служил у тебя не за Рахиль? Зачем же ты обманул меня?» «В наших краях не принято выдавать замуж младшую дочь прежде старшей, — ответил Лаван. — Не беспокойся, через неделю я отдам тебе в жены и Рахиль. Но за это ты будешь служить у меня еще семь лет».

Делать нечего, Иаков согласился, и через неделю Лаван выдал за него свою младшую дочь. Так у Иакова оказалось две жены. Но Рахиль он любил больше, чем Лию.

Дети Иакова

Быт 29:31-30:24

Господь увидел, что Лия нелюбима, и наградил ее сыновьями. Рувим, Симеон, Левий и Иуда — так звали сыновей Лии, которых она родила одного за другим. У Рахили же детей не было. Тогда она отдала мужу свою служанку, и та родила Иакову двух сыновей — Дана и Неффалима. Увидев это, Лия тоже привела свою служанку к Иакову. Та родила ему Гада и Асира. Потом сама Лия родила еще троих детей — Иссахара, Завулона и дочь Дину.

Шестерых сыновей и одну дочь родила Лия, еще двоих детей — ее служанка, и двоих — служанка Рахили. Только после этого Господь вспомнил о Рахили, услышал ее молитвы и дал ей сына. Она назвала его Иосифом.

Иаков уходит от Лавана

Быт 30:25-31:7, 14-18, 22-29, 31, 43-55

После рождения Иосифа Иаков пришел к Лавану и стал просить, чтобы тот отпустил его домой. Лаван спросил его: «Что же мне дать тебе в награду за твой труд? Я заметил, что Господь наградил меня и приумножил мое имущество за тебя». «Из твоих богатств мне ничего не нужно, — ответил Иаков. — Но обещай отдать мне тот скот из стада, что родится пятнистым или крапчатым».

Лаван с радостью согласился, потому что пятнистый и крапчатый скот рождается редко. Но хитрый Иаков стал раскладывать в поилках перед скотом разноцветные прутья, и в стадах стали рождаться животные с пятнами и крапинами. Вскоре почти весь лучший скот стал принадлежать Иакову.

Сыновья Лавана невзлюбили его за это и стали замышлять недоброе. Тогда Иаков призвал Рахиль и Лию и сказал им: «Вы знаете, что я всеми силами служил вашему отцу. Он же часто обманывал меня и много раз менял мою награду. Но Бог не позволил ему причинить мне зло. Теперь же Он повелел мне вернуться в землю моих отцов».

Лия и Рахиль согласились с ним. И вот собрал Иаков весь свой скот и все свое богатство и отправился в Ханаан, в землю предков.

На третий день Лаван узнал, что Иаков ушел от него, и бросился в погоню. Семь дней гнался он за Иаковом и наконец настиг его на горе Галаад. Но той же ночью ему во сне явился Бог и предупредил его: «Берегись! Не говори Иакову ни доброго, ни худого».

Наутро Лаван стал обвинять Иакова: «Зачем ты ушел от меня тайно, не дал мне даже проститься с дочерьми и внуками? Я отпустил бы тебя с весельем и песнями! Теперь я мог бы наказать тебя за твое бегство, но Бог твоего отца запретил мне». «Я боялся, что ты меня не отпустишь», — ответил ему Иаков. И они заключили мир. После этого Лаван отправился назад, а Иаков вновь пустился в путь.

Возвращение Иакова в Ханаан

Быт 32:1-21

Двадцать лет прошло с тех пор, как Иаков отправился к Лавану, чтобы укрыться от гнева своего брата. Семь лет он работал у Лавана за его старшую дочь Лию, еще семь лет — за младшую, Рахиль. И еще шесть лет зарабатывал свое богатство. Но несмотря на то, что минуло столько лет, Иаков все еще боялся встречи с братом. Он не знал, как его встретит Исав, у которого он выманил первородство и украл отцовское благословение.

Приближаясь к Ханаану, Иаков выслал вперед вестников, чтобы те сообщили о его возвращении. Посланные вернулись и

сказали, что Исав в сопровождении четырехсот человек движется навстречу Иакову. Иаков испугался еще больше. Он разделил всех людей, бывших с ним, и весь свой скот на две группы. «Если Исав нападет на одних, то может быть, другие уцелеют», — думал он. И он обратился с молитвой к Богу: «Господи, Ты велел мне возвратиться в мою землю. Ты обещал, что будешь милостив ко мне и сделаешь мое потомство многочисленным, как песок морской, которого не сосчитать. Избавь же меня от руки Исава: я боюсь, что он убьет меня, и моих жен, и детей».

Иаков выбрал из своих стад множество скота и отправил навстречу брату. Пастухам, которые шли с этими стадами, он велел сказать Исаву: «Это тебе подарок от Иакова, сам же он идет за нами». Так Иаков решил умилостивить брата.

Ночная схватка

Быт 32:24-31

Наступила ночь. Иаков остался один. И вот к нему подступил Некто и стал с ним бороться. Схватка продолжалась до самой зари, но Соперник не мог одолеть Иакова. Тогда Он коснулся его бедра и повредил жилу у него на ноге.

И сказал Некто: «Отпусти Меня: уже взошла заря». «Не отпущу, пока не благословишь меня», — отвечал Иаков. Тогда Тот, кто боролся с ним, спросил: «Как твое имя?» «Иаков», — ответил он. И услышал: «Отныне имя тебе будет не Иаков, а Израиль — тот, кто боролся с Богом и был с Ним лицом к лицу». Тогда Иаков спросил: «А как Твое имя?» — но Бог не дал ему ответа, только благословил.

Иаков сказал: «Я видел Бога лицом к лицу, и остался жив!» А когда взошло солнце и Иаков двинулся в путь, то обнаружил, что его поразила хромота — последствие ночной схватки.

Встреча с Исавом

Быт 33:1-16

Наконец Иаков увидел, что приближается Исав. Тогда, объятый страхом, он расставил всех своих домочадцев в таком порядке: служанок своих жен с их детьми — впереди, Лию с ее детьми — за ними, а позади всех стояли Рахиль и Иосиф, потому что их Иаков любил больше всех. Сам же он вышел вперед и семь раз поклонился Исаву.

Но страх оказался напрасным: Исав подбежал к брату, обнял его, поцеловал и заплакал вместе с ним. Тогда Иаков представил ему своих жен и детей и упросил его принять те подарки, которые были высланы вперед.

И все же, зная необузданный нрав Исава, Иаков продолжал опасаться его. Поэтому, когда Исав предложил брату вместе идти в город, где он жил, тот ответил: «С малыми детьми и со скотом я не могу идти так быстро, как ты. Иди вперед, а я пойду следом». Исав пустился в дорогу и вскоре возвратился в свой дом, а Иаков отправился странствовать по Ханаанской земле.

Смерть Рахили. Иаков возвращается к Исааку

Быт 35:1-7, 15-20, 27-29

Иаков повелел всем, кто с ним был: «Бросьте чужих богов, которые у вас есть, и очиститесь». Иакову отдали всех идолов, и он закопал их под дубом.

После этого он пошел в Вефиль, «Дом Божий», где он видел чудесный сон и получил Божье откровение. Там он поставил каменный памятник и возлил на него масло, как сделал это много лет назад.

А когда они возвращались, Рахиль, любимая жена Иакова, прямо во время пути родила своего второго сына. Но роды были тяжелыми, и Рахиль умерла. Иаков поставил над могилой жены памятник и горько оплакивал ее. А младшего сына назвал Вениамином.

Иаков пришел к Исааку, своему отцу, когда тому уже было сто восемьдесят лет. Вскоре Исаак умер.

Иосиф и его братья

Быт 37

Иаков любил Рахиль больше Лии, своей первой жены. И сыновья, которых родила ему Рахиль, были его любимцами. Особенно же любил он Иосифа, первенца Рахили.

Дети выросли и помогали отцу по хозяйству: пасли скот и занимались разными домашними делами. Но часто случалось, что Иосиф жаловался Иакову на своих братьев. За это братья невзлюбили его.

Впрочем, были у них и другие причины для ненависти. Дело в том, что Иосиф время от времени видел странные сны, которые он рассказывал братьям и отцу.

Однажды он рассказал им такой сон: будто бы Иосиф и одиннадцать его братьев стоят посреди поля и вяжут снопы. И вот снопы, связанные его братьями, окружают сноп, который связал Иосиф, и кланяются ему.

46

47

В другой раз Иосифу приснилось, что ему кланяются солнце, луна и одиннадцать звезд.

Братья рассердились: «Неужели ты воображаешь, что будешь царствовать над нами?!»

Даже Израиль бранил Иосифа: «Неужели я, и твоя мать, и твои братья будем склоняться пред тобой до земли?»

Впрочем, гнев отца был недолог. Он по-прежнему во всем отличал Иосифа и подарил ему красивые разноцветные одежды. Братья же завидовали и ждали случая, чтобы отомстить.

Однажды, когда старшие братья пасли скот вдали от дома, отец послал к ним Иосифа. Он хотел, чтобы, возвратившись, Иосиф рассказал ему, здоровы ли братья и целы ли стада.

Братья издали увидели Иосифа, одетого в яркие одежды, и их гнев вспыхнул с новой силой. «Вон идет наш сновидец!» — говорили они друг другу. И так сильна была их злоба, что они решили убить Иосифа, а Израилю сказать, что его растерзали дикие звери. «Увидим, сбудутся ли тогда его сны», — усмехались братья.

И вот, когда Иосиф приблизился, братья набросились на него. Но Рувим, первенец Иакова, не хотел допустить преступления. «Не проливайте крови! — сказал он. — Давайте лучше бросим его в ров». Он думал, что когда злость остальных утихнет, то он вызволит Иосифа и отведет обратно к отцу. Братья послушались и бросили Иосифа в глубокую яму.

Но когда Рувим вернулся за Иосифом, ров оказался пуст. Братья рассказали ему, что мимо проходил караван — купцы везли свои товары в Египет. И этим купцам они продали Иосифа.

Рувим опечалился, зная, в какое отчаяние придет Израиль. Но вернуть Иосифа было уже невозможно. Тогда братья закололи козленка, испачкали его кровью одежду Иосифа и отнесли отцу. Иаков узнал одежду любимого сына и поверил, что его растерзали хищники. Потрясенный отец был безутешен. Много дней он оплакивал Иосифа, но так и не сумел оправиться от горя.

49

Иосиф у Потифара

Быт 39:1-20

Тем временем купцы отвели Иосифа в Египет и продали в рабство Потифару, начальнику телохранителей фараона. Но Господь не оставил Иосифа: он преуспевал во всех делах, всякая работа ладилась в его руках. Египетскому вельможе понравился новый раб, и вскоре Иосиф стал управлять всеми делами и имуществом Потифара. Богатство

Потифара росло, достаток в доме увеличивался, потому что Господь благословил его ради Иосифа.

Но недолго продолжалась благополучная жизнь Иосифа у Потифара. Он был красив и статен и понравился жене своего господина. Но Иосиф отверг ее, так как был предан Потифару и не мог согрешить перед Богом. Тогда женщина пришла в ярость, позвала людей и стала обвинять Иосифа, что он хотел изнасиловать ее.

Потифар поверил ложному обвинению и бросил Иосифа в тюрьму.

Иосиф в темнице

Быт 40

Случилось так, что фараон прогневался на двух своих приближенных — на главного виночерпия и главного пекаря. По приказу фараона они были отправлены в темницу, где томился Иосиф.

И вот однажды им обоим в одну и ту же ночь привиделись сны, значения которых они никак не могли понять.

Тогда Иосиф сказал им: «Не Бог ли дает истолкование? Расскажите мне, что вам приснилось».

Главный виночерпий рассказал, что ему снилась виноградная лоза, на которой было три ветви. И вот, лоза зацвела, потом выросли и созрели ягоды. Затем вдруг в руке у виночерпия оказалась чаша фараона. Он взял ягоды, выжал их сок в чашу и подал ее фараону.

Иосиф так объяснил этот сон: «Три ветви — это три дня; через три дня фараон призовет тебя, и ты, как прежде, будешь подавать ему чашу и снова станешь главным виночерпием».

Иосиф попросил, чтобы, выйдя из темницы, виночерпий вспомнил о нем: «Расскажи обо мне фараону и вызволи меня из тюрьмы, потому что я украден из земли евреев, и здесь не сделал ничего плохого».

Главный пекарь тоже рассказал Иосифу свой сон. Ему снилось, что он несет на голове три решетчатых корзины. В верхней корзине лежал хлеб фараона, и его клевали птицы.

Иосиф растолковал и этот сон. Он сказал: «Три корзины — это три дня; через три дня фараон повесит тебя на дереве, и птицы будут клевать твое тело».

Через три дня фараон устроил пир по случаю дня своего рождения. Он вспомнил о виночерпии и возвратил его на прежнее место. Вспомнил он и о пекаре — и приказал повесить его, как и предсказывал Иосиф.

А главный виночерпий, оказавшись на свободе, забыл об Иосифе.

Сны фараона

Быт 41:1-36

Прошло два года. Иосиф по-прежнему томился в темнице, и не было никого, кто захотел бы вызволить его оттуда.

И вот однажды фараону приснился странный сон. Будто бы стоит он у реки, и вдруг из нее выходят семь тучных коров. После них оттуда же появляются семь тощих коров. И вот тощие коровы проглотили тучных, но толще от этого не стали. Фараон проснулся, но тотчас же заснул опять. И приснилось ему, будто на одном стебле поднялись семь полных колосьев, а после них выросли семь тощих колосьев, иссушенных ветром. И тощие колосья поглотили полные.

Фараон удивился таким снам. Он созвал всех волшебников и мудрецов Египта, но никто не сумел растолковать ему увиденное. Тогда-то главный виночерпий и

вспомнил об Иосифе. Он рассказал фараону, как в темнице вместе с главным пекарем они увидели в одну ночь вещие сны и как Иосиф верно предсказал каждому из них его судьбу.

Фараон послал в темницу за Иосифом. Когда Иосифа привели во дворец, фараон сказал ему: «Я слышал, будто ты умеешь толковать сны?» Иосиф ответил: «Это не мое умение. Бог Сам даст ответ во благо фараону».

Рассказал фараон, что он видел во сне, и Иосиф дал такое истолкование: «Семь тучных коров и семь полных колосьев — это семь лет.

Семь тощих коров и семь сухих колосьев — это тоже семь лет. В течение первых семи лет в земле Египетской будет великое изобилие. А в следующее семилетие великий голод истощит землю. И забудется прежнее изобилие, и не будет спасения от голода.

Чтобы пережить тяжелые времена, — продолжал Иосиф, — поставь над землей Египетской разумного и мудрого начальника, и пусть он откладывает впрок пятую часть всего хлеба, который уродится в годы изобилия, чтобы накопить запасы на семь лет голода».

Иосиф — правитель Египта

Быт 41:37-43, 47-49, 53-57

Фараону понравилось предложение Иосифа, и он сказал ему: «Если Бог открыл все это тебе — кого же я найду разумнее и мудрее, чем ты?» И фараон поставил Иосифа над всей землей Египетской и сделал его вторым после себя человеком в государстве. Он надел ему на руку свой перстень, одел в драгоценные одежды, повесил на шею золотую цепь и велел возить в своей колеснице и провозглашать перед ним: «Кланяйтесь!»

В годы изобилия Иосиф собрал хлеба, как песка морского. Запасы его нельзя было сосчитать. А когда настал голод, Иосиф открыл кладовые, где хранилось зерно, и стал продавать его египтянам. По всей земле люди терпели нужду, и только в Египте был хлеб. И слух об этом разнесся повсюду.

Братья Иосифа приходят в Египет

Быт 41:45-46, 50-52; 42

Иосифу было тридцать лет, когда фараон назначил его правителем Египта. Он получил от фараона египетское имя и женился на дочери жреца, и та родила ему двух сыновей — Манассию и Ефрема.

Между тем, голод заставил Иакова призвать своих сыновей и послать их в Египет, чтобы они привезли хлеба. Только младшего, сына Рахили Вениамина, Израиль оставил при себе, опасаясь, как бы и с ним не случилось беды. Остальные же явились к Иосифу, потому что он продавал хлеб всем, кто к нему приходил. Они поклонились ему до земли и сказали: «Господин наш! Мы прибыли из Ханаана, чтобы купить хлеба, потому что в нашей земле свирепствует голод».

Иосиф тотчас же узнал братьев и вспомнил свои давние сны, которые так возмущали их. Они же не узнали Иосифа, которого считали давно погибшим в рабстве.

Иосиф решил испытать братьев. Расспросив их, кто они и откуда, он узнал, что отец его Израиль жив и что в Ханаанской земле остался Вениамин, его родной брат. Иосиф обрадовался, но не подал вида, а напротив, стал разговаривать с братьями весьма сурово. Он обвинил их в том, что они пришли в Египет с недобрыми намерениями. «Вы шпионы и пришли высматривать слабые места в земле Египетской», —

сказал им Иосиф. Братья поклялись, что явились сюда только за хлебом и не имеют дурных мыслей. Но Иосиф продолжал утверждать, что не верит им. «Если вы люди честные, — сказал он, — то один из вас пусть останется здесь, а вы пойдите, отвезите хлеб вашим семьям и возвращайтесь вместе со своим младшим братом. Тогда я поверю вам и помилую вас».

Услышав приказ Иосифа, братья огорчились — ведь одному из них предстояло остаться в Египте, да и как уговорить Иакова отпустить от себя Вениамина? И братья говорили: «Это нам наказание за грех против нашего брата». А Рувим сказал: «Разве не говорил я вам тогда — не грешите против мальчика?»

Братья и не думали, что египетский вельможа, говоривший с ними через переводчика, может понимать еврейскую речь. Иосиф же прекрасно слышал их слова и понял, что они раскаялись. Он обрадовался этому, но планов своих не изменил. Он оставил у себя Симеона, а остальным братьям приказал возвращаться в Ханаанскую землю. Мешки их, по приказанию Иосифа, были наполнены зерном, а все серебро, принесенное в уплату за хлеб, он велел тайно положить на дно мешков. Братья обнаружили его уже в пути и никак не могли понять, что же это значит.

Братья вернулись домой и рассказали отцу о том, как были встречены наместником в Египте, как он обвинил их, как задержал у себя Симеона и велел привести Вениамина.

Иаков зарыдал: «Вы лишили меня детей. Иосифа нет, Симеона нет, и Вениамина хотите взять — не отпущу!»

Братья стали уговаривать отца, чтобы он позволил Вениамину пойти вместе с ними. Но Израиль был непреклонен: «Брат его погиб, и он остался один. Если и с ним случится несчастье, то я умру от горя».

Серебряная чаша

Быт 43-44

Голод усиливался, и вот хлеб в доме Израиля кончился. Тогда он снова сказал своим сыновьям: «Пойдите в Египет и купите хлеба». Но братья отвечали, что не могут идти туда, если с ними не будет Вениамина. Иуда сказал отцу: «Я отвечаю за него. Если я не приведу его к тебе, то останусь виновным перед тобой на всю жизнь». Как ни хотелось Израилю оставить при себе Вениамина, он был вынужден согласиться с сыновьями.

Собрались они в путь. Взяли с собой бальзам, мед, ладан, фисташки, миндаль — все, чем богата Ханаанская земля, — чтобы преподнести в дар Иосифу. Взяли серебро, чтобы заплатить за хлеб; взяли и то серебро, которое было возвращено им в их прошлый поход.

Иосиф увидел братьев, заметил среди них Вениамина и приказал своим людям ввести их в дом.

Они испугались и решили, что Иосиф хочет придраться к ним за то, что в прошлый раз они увезли с собой серебро и не заплатили за хлеб. Братья подумали, что Иосиф хочет сделать их своими рабами.

Они обратились к начальнику дома Иосифа и возвратили ему серебро, найденное в их мешках. Но тот ответил: «Не бойтесь: это ваш Бог наградил вас серебром».

В полдень пришел Иосиф. Братья поднесли ему дары, при- везенные из дома. Он же, увидев Вениамина, вынужден был уйти в другую комнату, чтобы скрыть слезы радости и любви, брызнув- шие у него из глаз.

Началась трапеза. Угощая братьев, Иосиф посылал им от себя разные кушанья, и доля Вениамина всегда была впятеро больше, чем у других.

Потом Иосиф приказал своему управляющему наполнить мешки братьев хлебом и опять возвратить им все, что они принесли в уплату. А еще он велел тайно положить в мешок Вениамина серебряную чашу.

Когда же братья пустились в обратный путь, Иосиф приказал догнать их и обвинить в краже.

Братья были уверены в своей невиновности. «Как же нам украсть серебро или золото из дома твоего господина? — сказали они посланнику Иосифа. — Ведь даже то серебро, что мы нашли в своих мешках в прошлый раз, мы привезли издалека и вернули. Если у кого-нибудь из нас найдется чаша — тому смерть; а мы будем тогда рабами твоему господину».

Просмотрели все мешки — и нашли чашу у Вениамина.

Братья в смятении возвратились в дом Иосифа. «Чем мы можем оправдаться перед тобой? — обратился к нему Иуда. — Видишь, мы и вправду оказались виноваты. Вот тот, у кого нашли чашу. Теперь мы все — твои рабы».

«Нет, пусть рабом у меня останется только тот, кто украл чашу, — ответил Иосиф. — Вы же можете возвращаться с миром в свою землю».

Тогда Иуда рассказал Иосифу, как они уговаривали отца отпустить младшего брата в Египет; как Израиль отказывался и говорил, что если с Вениамином случится беда, он не переживет этого; как он сам поручился доставить Вениамина назад к отцу. «Отпусти его с другими братьями домой, — закончил он, — а я останусь у тебя рабом вместо него!»

Иосиф открывается братьям

Быт 45

Тогда Иосиф понял, что братья действительно изменились, и не мог дольше сдерживать переполнявших его чувств. Он удалил всех слуг и, оставшись наедине с братьями, воскликнул: «Я — Иосиф, ваш брат, которого вы продали в Египет! Но не печальтесь больше: все сложилось к лучшему, потому что не вы послали меня сюда, но Бог, Который и поставил меня над Египтом, чтобы сохранить вашу жизнь. Ведь голод будет свирепствовать еще пять лет. Поэтому вам нужно немедля идти за отцом и вместе с ним возвратиться в Египет, где я сумею прокормить вас».

Фараон же, услышав, что к Иосифу пришли его братья, дал им колесницы, чтобы они перевезли свои семьи, и пообещал отдать лучшие земли, чтобы они ни в чем не знали нужды, когда переселятся в Египет.

Иосиф послал хлеба и припасов, чтобы Израиль и вся его семья имели пропитание на дорогу, одарил братьев новыми одеждами, а Вениамину дал пять перемен одежд и триста серебряных монет.

Когда братья явились к отцу с радостной вестью, что Иосиф жив и владычествует над Египетской землей, Израиль сперва

не поверил этому. Но увидев дары,
присланные Иосифом, и колесницы, посланные для того, чтобы
везти его в Египет, обрадовался и
захотел увидеть своего давно
потерянного сына.

Израильтяне в Египте

Быт 46:1-7, 29-34; 47:1-12

Израиль отправился сперва в Вирсавию и принес жертвы Богу. Господь сказал ему, чтобы он без боязни шел в Египет: «Там от тебя произойдет великий народ. Я Сам буду с тобой на пути в Египет, а в должное время выведу оттуда твоих потомков, чтобы поселить их в предназначенной для них земле».

Собрался весь род Израиля в путь. Взяли с собой весь свой скот, все свое имущество, и вскоре прибыли в Египет. Иосиф выехал на колеснице навстречу Иакову. Радостной была эта встреча, но и слез пролилось немало — ведь разлука была такой долгой!

Иосиф предупредил отца и братьев: «Когда фараон спросит вас, чем вы занимаетесь — отвечайте, что пасете овец. Тогда фараон поселит вас в земле Гесем».

После этого Иосиф взял с собой пятерых братьев, и они отправились к фараону. Братья сказали, что они пасут овец, а в Египет пришли, потому что в их земле не хватает пажитей. Фараон велел Иосифу: «Посели твоего отца и братьев на лучшем месте. Пусть живут в земле Гесем».

Потом Иосиф привел к фараону своего отца. Иаков долго говорил с ним и благословил его.

Так Иаков и весь его род поселились в земле Гесем.

Иосиф продает хлеб в Египте

Быт 47:13-21

Голод в земле Египетской все усиливался. Весь же хлеб был у Иосифа. Сначала египтяне покупали его за серебро, но скоро все серебро у них кончилось. Тогда они пришли к Иосифу и сказали: «Мы умираем от голода, потому что у нас больше нет серебра».

Тогда Иосиф стал обменивать хлеб на скот. Но вот кончились стада лошадей, крупного и мелкого скота, и не осталось у египтян ничего, чем они могли бы заплатить Иосифу. И тогда они сказали ему: «Для чего погибать и нам, и нашим землям? Купи нас и наши земли за хлеб. И мы с нашими землями будем рабами фараону, а ты дай нам зерна, чтобы нам не умереть и чтобы земля не опустела».

Так все серебро в Египте, и весь скот, и все земли стали принадлежать фараону, и все жители Египта стали ему рабами.

Смерть Иакова

Быт 48:1-50:13

Когда Иакову пришло время умереть, он призвал к себе Иосифа. Иосиф явился к отцу со своими сыновьями, и Иаков благословил Манассию и Ефрема. Потом он призвал остальных своих сыновей и предсказал им, что произойдет с ними и их потомками в будущем. Затем Иаков благословил их и взял с них клятву, что они похоронят его в Ханаанской земле.

Когда Иаков умер, Иосиф велел искуснейшим египетским врачам набальзамировать его тело. Сорок дней длилась эта работа. Еще семьдесят дней Израиля оплакивали в Египте. А когда закончился этот срок, Иосиф попросил у фараона разрешения похоронить отца в Ханаане, как поклялся ему.

Иосифа и его братьев сопровождали все приближенные фараона и старейшины Египетской земли. Были с ними и все потомки Израиля, кроме детей. Дойдя до Иордана, они семь дней оплакивали Израиля. Жители той земли, хананеи, даже назвали это место «Плач египтян при Иордане». Затем тело Израиля отнесли в пещеру, где был погребен Авраам.

Тяжелые дни

Исх 1:6-22

Прошли годы. Умер Иосиф, умерли и его братья. Род же Израиля в Египте чрезвычайно умножился. Очередной фараон, уже не помнивший об Иосифе, сказал: «Израильский народ многочисленнее и сильнее нас, и если случится война, он может соединиться с нашими неприятелями и вооружиться против нас». И он приказал изнурять израильтян тяжелыми работами. Однако народ продолжал расти. Тогда он повелел повивальным бабкам убивать всех мальчиков, рождающихся у израильтянок. Но те боялись Бога и не стали совершать злодеяний. И тогда фараон приказал всякого мальчика, рождающегося у евреев, убивать, бросая в реку.

Мальчик в корзине

Исх 2:1-22

Однажды в одной еврейской семье родился мальчик. Мать скрывала его три месяца, но, опасаясь слуг фараона, все-таки вынуждена была расстаться с ребенком. Она положила его в корзинку из тростника и поставила ее у реки. Ее старшая дочь стояла невдалеке, наблюдая, что с ним будет. В это время на реку вышла дочь фараона. Увидела она корзинку с младенцем и сжалилась над ним. «Это из еврейских детей», — подумала она. Тут к ней подошла сестра мальчика и предложила ей привести для ребенка кормилицу. Дочь фараона согласилась, и девочка привела свою мать, которая и вскормила сына. Когда он подрос, его отвели к фараоновой дочери. Та назвала ребенка Моисеем и воспитала мальчика, как собственное дитя.

Когда Моисей вырос, он не мог спокойно смотреть, как египтяне притесняют израильтян. Однажды, увидев, как египтянин избивает еврея, он вступился за него и убил обидчика. Фараон узнал об этом и хотел казнить Моисея. Но Моисей бежал в Мадиамскую землю. Там он взял в жены Сепфору, дочь местного священника, и она родила ему сына.

Господь является Моисею

Исх 3:1-4:16, 27-31

Моисей пас овец своего тестя. Однажды зашел он со стадом далеко в пустыню и вдруг увидел терновый куст, объятый огнем. Но самое удивительное, что куст горел, но не сгорал! Изумленный Моисей подошел ближе, и вдруг из пламени к нему обратился Господь. «Я Бог Авраама, Исаака и Иакова, — сказал Он. — Я увидел страдания Моего народа в Египте и хочу вывести его в прекрасную землю, предназначенную для сынов Израиля. Для этого Я избрал тебя: ты должен пойти к фараону и просить его отпустить Мой народ». «Кто я такой, чтобы идти к фараону и вести из Египта сынов Израилевых? — ответил Моисей. — Вот я приду и скажу народу: „Бог отцов ваших послал меня к вам". А они спросят: „Как Ему имя?" Что мне ответить?» Господь сказал ему: «Отвечай: „Господь, Бог отцов ваших, Бог Авраама, Исаака и Иакова послал меня к вам"». Но Моисей колебался, боясь, что ему будет нелегко увлечь народ на столь трудное и опасное дело.

Тогда Господь дал Моисею знамение. Он приказал ему бросить на землю жезл. И вот, не успев коснуться земли, жезл превратился в змею! Моисей испугался и бросился бежать. Но Господь остановил его и велел схватить змею за хвост. И тотчас же змея снова стала жезлом. «Если это знамение не убедит народ следовать за тобой, — сказал Господь, — сунь руку за пазуху». Моисей послушался, и его рука покрылась проказой. Моисей снова положил руку за пазуху, потом вытащил ее — и проказа исчезла. «Если же и тогда народ не послушает тебя, то возьми воды из реки, выплесни ее на землю — и она сделается кровью», — сказал Господь. Но Моисей все не мог решиться: «Я не сумею убедить людей, ведь я страдаю косноязычием!» «У тебя

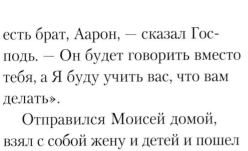

есть брат, Аарон, — сказал Господь. — Он будет говорить вместо тебя, а Я буду учить вас, что вам делать».

Отправился Моисей домой, взял с собой жену и детей и пошел в Египет. Навстречу ему вышел Аарон, и Моисей рассказал ему о своем разговоре с Богом. Вдвоем они собрали всех израильских старейшин, и Аарон говорил с ними, а Моисей показал знамения. И народ поверил, что Моисей действует по воле Господа.

Девять казней египетских

Исх 5-10

И вот пришли Моисей и Аарон к фараону и сказали ему: «Так говорит Господь, Бог Израиля: отпусти Мой народ, чтобы он принес Мне в пустыне жертву». Фараон ответил: «Кто такой Господь, чтобы я слушался Его?» Он отказался отпустить израильтян и приказал, чтобы им перестали выдавать солому для изготовления кирпичей — пусть сами добывают ее, где хотят, а кирпичей делают столько же, сколько и раньше. Израильтяне возмутились: для чего он дает им непосильную задачу? Фараон ответил им: «Должно быть, у вас мало работы. Поэтому вы и говорите: „Пойдем, принесем жертву Господу". Ступайте и принимайтесь за дело!» Рассерженные люди стали винить во всем Моисея и Аарона. Моисей пытался убедить их, что Господь выведет их из египетского рабства в землю, где течет молоко и мед, но его не слушали.

Вновь послал Господь Моисея и Аарона к фараону и велел требовать, чтобы он отпустил народ из своей земли. Господь сказал им: «Если фараон не послушает вас, Я Сам наложу Мою руку на Египет и выведу сынов Израилевых». Моисей и Аарон бросили

перед фараоном жезл — и вот, жезл обернулся змеей. Тогда фараон призвал египетских мудрецов и чародеев, и они сделали то же самое. Фараон разозлился и не стал слушать Моисея. На следующий день, по повелению Господа, Аарон взял жезл и ударил им по воде. Это было на глазах у фараона, когда он стоял у реки. Тотчас же вода в реке превратилась в кровь, вся рыба погибла, и было невозможно пить речную воду. Но фараон был тверд и не послушался Господа.

Через неделю Моисей и Аарон вновь явились к фараону и сказали: «Так говорит Господь. Отпусти Мой народ, чтобы он совершил Мне служение». Фараон снова отказался. Тогда Аарон протянул свою руку с жезлом на реки, потоки и озера. И вышли из египетских вод жабы, и покрыли всю землю, так что от них не было никакого спасения. Испуганный фараон позвал Моисея и Аарона: «Помолитесь своему Богу, чтобы Он избавил Египет от жаб! Тогда я отпущу израильтян принести жертву». Моисей воззвал к Господу, и жабы вымерли. Но фараон увидел, что жабы пропали, и не стал выполнять своего обещания.

Тогда Господь наслал на Египет третье наказание — Аарон ударил жезлом по земле, и по всему Египту появилось видимо-невидимо мошек. Египетские волшебники не сумели сделать того же и сказали фараону: «Это перст Божий», — но упрямый фараон не послушал их. Снова пришли к нему Моисей и Аарон и сказали: «Так говорит Господь. Отпусти Мой народ, чтобы он совершил Мне служение». И наслали мух на дом фараона и на всю Египетскую землю. А в земле Гесем, где жили израильтяне, мух не было. Тогда фараон сказал: «Принесите жертву вашему Богу в Египте». Но Моисей ответил, что Господь велел им удалиться в пустыню и там совершить служение. Фараон пообещал исполнить их просьбу, пусть только избавят Египет от мух. Обратился Моисей к Господу, и мухи пропали. Но сердце фараона опять ожесточилось, и он не отпустил народ и на этот раз.

Тогда Господь обрушил на Египет следующую кару — поразил весь скот египтян моровой язвой. И вымер скот повсюду, кроме земли Гесем. Но и это не заставило фараона послушаться повеления Господа. Тогда Господь сказал Моисею и Аарону: «Возьмите по

полной горсти пепла из печи и бросьте к небу на глазах у фараона, и начнется в Египте страшная болезнь: и люди, и скот покроются нарывами». Они поступили, как было сказано, и на Египет обрушилось новое бедствие. Однако фараон оставался непреклонен.

Опять пришли Моисей и Аарон к фараону и обратились к нему: «Так говорит Господь. Отпусти Мой народ, чтобы он совершил Мне служение». И предупредили,

что завтра Господь пошлет на землю великий град, подобного которому в Египте не бывало. И все люди, что будут в поле, и весь скот — все погибнут, побитые этим градом. Назавтра послал Господь град на землю Египетскую, и уцелели только те, кто убоялся Господа и не вышел из дома, не выгнал свой скот, не выпустил рабов на поля.

А в земле Гесем града не было. Опять позвал фараон Моисея и Аарона, попросил, чтобы град прекратился, и опять пообещал им, что отпустит израильский народ. Моисей знал, что фараон снова обманет его, но согласился, чтобы еще раз показать Божье всемогущество. Когда же град прекратился, фараон ожесточил свое сердце и не отпустил сынов Израиля, как и предсказывал Моисей.

Тогда Господь навел восточный ветер, и он принес на Египет саранчу. Она покрыла все вокруг, так что не стало видно земли. И поела саранча все, что уцелело после града. Взмолились египтяне к фараону: «Долго ли эти люди будут мучить нас? Отпусти их, разве ты не видишь, что Египет гибнет?» Тогда фараон сказал Моисею и Аарону, что отпускает народ совершить служение Господу, и спросил — кто из израильтян пойдет? Моисей ответил, что пойдут все, от мала до велика, и весь свой скот возьмут с собой. «Нет, — сказал фараон, — я отпускаю только мужчин, а женщины, дети и скот пусть остаются в Египте». Моисей не согласился, и фараон велел прогнать его. Но саранча продолжала одолевать страну, и вскоре фараон вновь призвал Моисея и Аарона. Они обратились к Господу, и Господь наслал западный ветер, который унес саранчу в море.

«Отпусти Мой народ, чтобы он совершил Мне служение. Так говорит Господь», — вновь обратился Моисей к фараону. Но фараон все еще упорствовал. Тогда Моисей поднял руку к небу, и на Египет опустилась тьма. Три дня египтяне не видели друг друга и даже не могли двигаться, потому что не знали, куда идти. В домах же израильтян было светло. Фараон сказал Моисею: «Идите, совершите служение Господу. Пусть только скот ваш останется в Египте, а женщины и дети могут идти с вами». «Нет, — ответил Моисей, — нам нужны наши стада, чтобы выбрать жертву». «Убирайся отсюда, — вскричал рассвирепевший фараон, — и не показывайся больше мне на глаза! Если ты еще хоть раз увидишь мое лицо, то умрешь в тот же день!» «Пусть будет так, как ты сказал, — ответил ему Моисей. — Я больше никогда не увижу твоего лица».

Десятая казнь

Исх 11:1, 4-7; 12:1-14, 29

Девять казней послал Господь на Египет, но фараон все упорствовал и не желал отпустить народ Израиля из своей земли. И тогда

Господь сказал Моисею, что пошлет последнюю, десятую кару, и тогда фараон сам будет просить израильтян, чтобы они оставили Египет. Будет эта кара ужасна: умрет всякий первенец в земле Египетской, от сына фараона до первенца последней рабыни, и даже все первородное из скота. Израильтянам же Господь повелел особо приготовиться к этому дню. «Пусть каждая семья заколет однолетнего козленка или барашка и его кровью помажет косяки и перекладину дверей в своих домах. После этого испеките мясо на огне и съешьте его с пресным хлебом и горькими травами, а остатки сожгите, не оставляя до утра. Но торопитесь: все вы должны быть одеты для похода и держать в руке свои посохи, чтобы сразу тронуться в путь. А этот день — Пасха — пусть будет отныне отмечаться каждый год, в память о вашем избавлении».

И вот настал срок. В полночь Господь поразил всех первенцев в земле Египетской и все первородное из скота. А те дома, косяки и перекладины которых были помазаны кровью, обошел стороной.

Исход из Египта

Исх 12:30-41; 13:19-22; 14:5-30

Пронесся по Египту великий вопль. Призвал фараон Моисея и Аарона среди ночи и сказал, чтобы они как можно скорее отправлялись, вместе с женщинами, детьми и скотом, в пустыню, как повелел Господь.

Прошло четыреста тридцать лет с тех пор, как Иаков и весь его род поселился в Египте. Тогда всех израильтян было семьдесят человек. Сейчас же Господь выводил из земли Египетской большой народ. Шестьсот тысяч мужчин, не считая женщин и детей, поднялись в эту ночь и отправились за Моисеем и Аароном. Моисей взял с собой прах Иосифа, исполняя древнюю клятву. Господь Сам указывал народу путь. Днем Он шел перед ними в облачном столпе, а ночью — в огненном, освещая дорогу.

Так израильтяне пришли в пустыню и расположились станом около моря. Между тем, фараону сообщили, что народ Израиля не собирается возвращаться в Египет. А это означало, что он лишился своих многочисленных рабов. Взбешенный фараон взял шестьсот колесниц и все свое войско и пустился в погоню за израильтянами, чтобы наказать и возвратить их.

Когда те увидели приближающееся войско, то испугались и стали упрекать Моисея: «Зачем ты привел нас умирать в пустыню? Лучше было нам быть в рабстве у египтян». Моисей успокаивал народ, а тем временем

облачный столп переместился и стал между египтянами и израиль-тянами. И египтяне не могли приблизиться к сынам Израиля всю ночь. Моисей же по слову Господа протянул свой жезл к морю — и вдруг среди моря образовался

проход, а воды стали стеной с обеих сторон. Израильтяне пошли по этому коридору, а египтяне устремились за ними. Тогда Господь повелел Моисею, чтобы он вновь протянул руку на море позади израильтян — и воды сомкнулись, поглотив фараоново войско.

Израильтяне в пустыне

Исх 15:22-18:27

Перебравшись на другой берег, израильтяне воспели хвалу Господу и двинулись дальше.

Но земля, через которую они шли, была безводна. Три дня мучились они от жажды. Наконец, показалась река, однако радоваться было рано: вода в ней была горькой и непригодной для питья. Тогда Господь указал Моисею дерево, которое тот бросил в воду, и в тот же миг она стала хорошей. После этого израильтяне смогли напиться и напоить скот.

Господь обещал Моисею, а через него — всему народу Израилеву, что если они будут слушаться Его, следовать заповедям и соблюдать Божьи законы, то Он всегда будет помогать им. Но каждый раз, испытывая нужду в чем-либо, люди роптали на Моисея и Аарона, не доверяясь Господу.

Однажды у евреев кончился хлеб, и они стали говорить: «Лучше было бы нам умереть в земле Египетской, когда мы сидели у котлов с мясом и ели хлеб досыта. Вы вывели нас в пустыню, чтобы уморить голодом». Услышав эти жалобы, Господь сказал Моисею: «Я дам людям хлеб с неба. Пусть ходят и собирают, сколько нужно на день, а впрок не откладывают. Только перед субботой пусть берут вдвое, нежели в остальные дни, потому что это день покоя,

посвященный Господу. В этот день хлеба на земле не будет». В тот же вечер налетело к стану множество перепелов, и люди ловили их, и в каждой семье было мясо. А утром израильтяне увидели на земле мелкую крупу. Они не знали, что это такое. Моисей сказал им, что это пища, которую Господь посылает им вместо

хлеба, и объяснил, как нужно ее собирать. Но некоторые не послушали его и запасли чудесного хлеба до следующего утра. В этом хлебе завелись черви, и распространился отвратительный запах. Когда же отложили хлеба на субботу, он не испортился. Израильтяне назвали хлеб, данный Господом с неба, манной. И сорок лет, пока они не пришли в Землю Обетованную, Господь кормил их манной небесной.

Но даже такие чудеса не убеждали израильтян, что Господь хранит народ и заботится о нем. Они постоянно искушали Бога, говоря: «Есть ли Господь с нами?» Однажды народ стал роптать, когда на одной из стоянок не оказалось воды. Тогда Господь сказал Моисею, чтобы он ударил жезлом по скале — и вдруг из скалы забил источник, и люди напились.

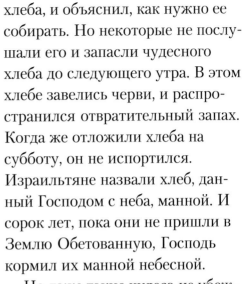
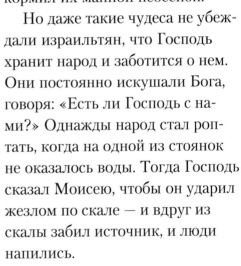

Однажды в пустыне на израильтян напало кочевое племя. Моисей
избрал военачальником Иисуса
Навина и отправил его сражаться
с врагом. Сам же он взошел на
холм, держа в руке жезл. И было
так, что когда он поднимал руки,
одолевал Израиль, а когда опус-
кал — верх брали враги. Но вскоре руки Моисея устали, и он не
мог больше держать их подняты-
ми к небу. Тогда Аарон и еще
один израильтянин поднялись к
нему и поддерживали его руки до
самого захода солнца. Враги
были разбиты.

Трудно было соблюдать поря-
док в стане. Моисей вынужден
был целые дни проводить, разби-
рая различные тяжбы. Однажды
Моисея пришел навестить его
тесть. Увидев, как Моисей судит
народ, он сказал ему: «Так ты
измучишь и себя, и людей. Вы-
бери себе несколько способных,

правдивых, бескорыстных помощников и поставь их судьями. Пусть всякое важное дело передают тебе, а все мелкие разбирают сами. Ты же будь для народа посредником перед Богом». Моисей послушался тестя и сделал, как тот посоветовал.

Десять Заповедей. Завет

Исх 19:1-20:21; 31:18; Втор 5:6-33

В третий месяц после Исхода из Египта Господь привел израильский народ в Синайскую пустыню. Здесь, с вершины горы Синай, Он обратился к народу и дал ему Заповеди.

«Слушай, Израиль! Я Господь, Бог твой, Который вывел тебя из Египта и освободил от рабства. Да не будет у тебя других богов, кроме Меня.

Не делай себе идола ни из того, что на небе вверху, ни что на земле внизу, ни что в воде ниже земли.

Не произноси имени Господа, Бога твоего, напрасно.

Соблюдай седьмой день недели: шесть дней работай, а седьмой посвящай Господу, Богу твоему.

Почитай своих родителей.
Не убивай.
Не развратничай.
Не кради.
Не лги.
Не желай того, чем владеет другой, и не завидуй».

Люди испугались грома, пламени, трубного звука и дыма, которые сопровождали явление Господа на Синае, и попросили Моисея, чтобы он сам беседовал с Богом, а потом пересказывал Его повеления. И народ отступил и стал вдали. Моисей же вошел во мрак, и там Господь говорил с ним. Кроме Десяти Заповедей, Он дал Моисею многочисленные законы, которые должны были соблюдать сыны Израиля.

Тогда у Синая поставили жертвенник, в основании которого было двенадцать камней по числу племен Израилевых, и принесли Господу жертву. Моисей окропил кровью жертвенник и народ, сказав: «Вот кровь Завета, который Господь заключил с вами».

Потом Господь призвал Моисея на Синай, и пробыл там Моисей сорок дней и сорок ночей. А когда Бог окончил говорить с ним, то вручил ему каменные таблицы — скрижали, на которых были написаны Божьей рукой Его законы и заповеди.

Золотой бык

Исх 32:1-34:5; Втор 9:9-21; 10:1-5

Когда народ увидел, что Моисей долго не возвращается с Синая, то стал просить Аарона: «Сделай нам идола, который всегда был бы с нами! А то Моисей ушел, и мы не знаем, что с ним!» Аарон велел собрать все золотые серьги, которые были у женщин, переплавил золото и отлил из него могучего быка. Люди обрадовались и закричали: «Вот бог Израиля, который вывел нас из Египта!» И поклонились быку, и принесли ему жертвы.

Тогда Господь сказал Моисею: «Поспеши к твоему народу, потому что он согрешил. Как скоро они отклонились от пути, который Я им заповедал! Они разгневали Меня; лучше Я истреблю их и произведу многочисленный народ от тебя». Но Моисей умолил Господа сдержать Свой гнев.

Когда Моисей спустился с горы, он увидел, что все пляшут вокруг золотого быка. Тогда он в ярости бросил скрижали, на которых были написаны законы и заповеди, и они разбились. Схватил Моисей идола, расплавил его в огне и растер в прах, прах же рассыпал по воде.

Лишь племя левитов — потомков Левия — не поклонилось идолу. И вот Моисей призвал их и приказал им обнажить мечи. Прошли они по стану, разя направо и налево. Около трех тысяч человек были убиты за грех перед Господом.

Вновь и вновь обращался Моисей к Господу и молил Его простить сынов Израиля, не лишать их Своей милости и не оставлять на пути в Землю Обетованную, пока Господь не согласился. Он повелел Моисею вытесать две новые скрижали, подобные прежним, и снова подняться с ними на Синай. Там Господь повторил Моисею законы и заповеди. Снова сорок дней оставался Моисей на Синае, и сойдя с горы, объявил народу, что Господь не оставит их.

Сооружение скинии
и ковчега Завета

Исх 35-40

Спустившись с Синайской горы, Моисей призвал израильтян собрать золото, серебро, медь, шерсть, тонкую льняную ткань, драгоценные камни, чтобы сделать шатер (скинию) и ковчег Господу и чтобы Господь сопровождал народ на пути в Землю Обетованную. Каждый принес в добровольный дар то, что у него было. Вскоре набралось достаточно материала для сооружения скинии и ковчега по образцу, данному Господом. Господь исполнил мудростью и великим искусством нескольких людей, под руководством которых шли работы. Все делали свое дело с великим мастерством.

Когда же скиния, ковчег и все необходимое для служения Господу было готово, скинию покрыло облако, и ее наполнила слава Господня. Когда облако поднималось, израильтяне отправлялись в путь. Если же не поднималось, то они оставались на месте. Так Господь сопровождал народ во все дни его странствования.

Сорок лет наказания

Числ 13:1-4, 27-34; 14

Привел Господь израильтян в удобное место, где они расположились станом, и сказал Моисею: «Пошли по одному человеку из каждого племени в Ханаанскую землю, которую Я дам сынам Израиля, и пусть они ее осмотрят». Моисей так и сделал, и двенадцать человек отправились в Ханаан. Они должны были узнать, сильны ли народы, населяющие эту землю, многочисленны ли, много ли у них городов и как они укреплены. Еще им нужно было посмотреть, плодородна ли земля.

Лазутчики вернулись через сорок дней и рассказали, что земля изобильна, но населена многочисленным и сильным народом, города хорошо укреплены, и нет никакой возможности овладеть ею. Только двое из всех ходивших в Ханаан, Иисус Навин и Халев, оспаривали эти слова. Но люди

не слушали их, возмущались Моисеем и Аароном, которые привели их сюда, чтобы враги погубили их мечом, и хотели вернуться в Египет. Иисус и Халев уговаривали народ не бояться хананеев, потому что Господь защитит израильтян и предаст врагов им в руки. Тогда израильтяне получат прекрасные земли, и кончатся их скитания в пустыне. Но убедить они никого не смогли. Их даже хотели побить камнями.

И вдруг из скинии народу явился Господь. Все испугались и утихли. Господь сказал Моисею: «До каких пор этот народ будет гневить Меня? До каких пор он не будет верить Моим знамениям?» И пригрозил, что истребит весь Израиль. Но Моисей ответил Ему: «Если египтяне узнают о том, что народ, который Ты вывел из их земли, погиб в пустыне, то подумают, что Ты не сумел привести его в Землю Обетованную.

Поэтому прости Свой народ за его неверие!» Тогда Господь объявил, что в наказание все те, кто ходил в Ханаанскую землю и вернулся с дурными вестями, погибнут. А из всего народа, отказавшегося положиться на Бога, в Землю Обетованную не вступит никто, кроме Иисуса и Халева. Все же остальные, кто старше двадцати лет, умрут в пустыне, и только потомкам их доведется жить в Ханаане. Сорок лет должен Израиль провести в скитаниях.

Услышав приговор Господа, народ сильно опечалился. Нашлись люди, которые призывали сейчас же идти в Ханаан и сразиться с его народами. Моисей останавливал их, говоря, что теперь Господь не позволит им победить врагов, но часть народа все же выступила против хананеев. Однако израильтяне были разбиты и удалились в пустыню.

Бунт Корея

Числ 16:1-35

Народ Израиля, обреченный Господом на скитания, шествовал по пустыне. Господь пребывал в скинии и вел народ за Собой. Все Свои повеления Он отдавал через Моисея и Аарона, а они объясняли их людям.

Но Корей усомнился в их праве быть посредниками между Богом и людьми. Он собрал двести пятьдесят единомышленников, и они обратились к Моисею и Аарону: «Почему вы ставите себя выше народа Господня?» Тогда Моисей предложил Корею: «Собери своих сообщников у скинии, и мы тоже придем туда. Кого изберет Господь, тот и будет прав». И вот явилась всему народу слава Господня. И сказал Господь Моисею и Аарону: «Отойдите в сторону. Я истреблю весь народ во мгновение». Но они обратились к Нему со словами: «Один человек согрешил, а Ты гневаешься на всех?» Тогда Господь повелел, чтобы все отступили от Корея и двух его главных сообщников. «Смотрите, — сказал Моисей. — Если эти люди умрут необычной смертью, то значит — они виновны перед Господом». Не успел он договорить, как вдруг земля разверзлась и поглотила шатры мятежников, и их самих, и все их имущество. Вспыхнул огонь и пожрал всех единомышленников Корея.

Медный змей

Числ 21:4-9

Измучился израильский народ в скитаниях. Переходы в пустыне были трудны, на израильтян нападали соседние племена, не хватало пищи и воды. Люди роптали, не в силах полагаться на Бога. Они обвиняли Моисея, говоря: «Зачем он вывел нас из Египта? Для того, чтобы мы умерли в пустыне?» Господь разгневался и наказал израильтян. Он послал ядовитых змей, которые кусали людей. Не было спасения от этого бедствия, и множество людей погибло от укусов.

Только тогда, когда израильтяне нуждались в защите, они вспоминали о Господе. Вот и теперь обратились к Моисею: «Мы согрешили, помолись о нас Господу, чтобы Он избавил нас от змей». Моисей попросил за народ, и Господь велел сделать медного змея и выставить его на знамя. И когда змея кусала человека, тот глядел на медного змея и оставался в живых.

Смерть Аарона

Числ 20:23-29

Господь призвал к Себе Моисея и сказал ему, что Аарону пришла пора умереть, потому что ему не дано выйти из пустыни и вступить в Землю Обетованную. «Поднимись вместе с Аароном на вершину горы Ор, где ему суждено умереть, — повелел Господь, — и пусть с вами будет его сын Елеазар».

На глазах всего народа Аарон отправился в свое последнее путешествие. Поднявшись на гору, он снял с себя свои одежды и облачил в них Елеазара, которого

Господь избрал священником вместо него. И умер Аарон на вершине, как и сказал Господь.

Моисей и Елеазар спустились с горы, и народ понял, что Аарон умер. И оплакивали его тридцать дней.

Валаамова ослица

Числ 22-24

Остановились израильтяне в Моаве. Моавитский царь Валак боялся израильтян, потому что до него дошла слава о народе Господнем. Он знал, что в своих странствиях израильтяне сражались со многими могучими народами и с помощью Господа побеждали своих врагов. Валак решил обратиться за помощью к Валааму, провидцу и предсказателю, жившему у реки Евфрат. И вот, собрались моавитские и мадиамские старейшины и обратились к Валааму с просьбой, чтобы он проклял израильский народ. Может быть, тогда Моаву и Мадиаму удастся победить израильтян и изгнать их из этих земель. В уплату старейшины принесли Валааму богатые подарки. Однако Валаам не дал им ответа, сказав, что прежде узнает волю Бога. Но Бог запретил Валааму идти к моавитскому царю и проклинать израильтян, потому что этот народ благословен. Валаам передал ответ Господа, и послы ушли ни с чем. Тогда Валак прислал других послов и посулил Валааму еще больше даров, если он проклянет израильский народ.

«Не могу я поступить против воли Господа», — ответил Валаам. Однако плата, предложенная Валаком, была столь притягательна, что он еще раз обратился к Богу. На этот раз Господь разрешил ему пойти к моавитскому царю, но повелел говорить только то, что Сам ему прикажет.

Валаам оседлал свою ослицу и отправился в путь. Тут Господь послал Своего ангела и поставил его на дороге с обнаженным мечом. И сделал Господь так, что ослица увидела ангела, а Валаам не видел. Ослица испугалась и повернула в поле, а Валаам стал бить ее, пытаясь вернуть на дорогу. Ангел перешел на другое место, откуда ослица не могла свернуть, потому что виноградники стояли стеной по обе стороны дороги. Ослица, увидев ангела, прижалась к стене, прищемив хозяину ногу. Валаам опять принялся бить ее, пока ангел не отошел с дороги. Тогда ослица продолжила свой путь.

Но ангел вновь встал перед ней, и ослица легла на дорогу. Валаам снова схватился за палку, чтобы как следует проучить непокорное животное. Но вдруг Господь наделил ослицу даром речи, и она сказала Валааму человеческим голосом: «Что я тебе сделала, что ты бьешь меня вот уже третий раз?» «Я бью тебя за то, что ты не слушаешься меня, а если бы у меня был меч, то я бы тебя заколол!» — отвечал рассерженный Валаам. Но ослица возразила: «Разве не на мне ты ездишь вот уже много лет? И разве я когда-нибудь имела привычку так поступать?» Тут Господь открыл Валааму глаза, и он увидел ангела, стоящего на дороге с обнаженным мечом. «Напрасно ты бил свою ослицу, — сказал ангел. — Она спасла тебе жизнь. Если бы она не остановилась, я убил бы тебя вот этим мечом, чтобы ты не ходил к моавитскому царю и не проклинал Израиль». «Если я совершил ошибку, отправившись в Моав, я готов возвратиться!» — воскликнул Валаам. Но Господь велел Валааму продолжать свой путь, лишь повторил ему еще раз, чтобы тот говорил только то, что Он повелит.

И вот пришел Валаам к Валаку, царю Моава. Трижды открывал он рот, чтобы произнести проклятие, но вместо этого трижды произносил благословение Израилю: «Как прокляну я, если Бог не проклинает его? Как пожелаю зла, если Господь не желает ему зла? Не видно беды в Иакове, и не заметно несчастья в Израиле; Господь, Бог его, с ним.

Благословляющий тебя благословен, и проклинающий тебя проклят!» Возмутился Валак — ведь он призвал Валаама не для того, чтобы тот благословлял Израиль! Но Валаам ответил, что его устами говорит Господь.

Смерть Моисея

Втор 3:23-28; 31:23; 34

И вот Господь призвал Моисея и сказал, что годы странствования Израиля подходят к концу. Вскоре народ войдет в землю, которую Бог обещал дать потомкам Авраама, Исаака и Иакова. Моисею

нужно подготовиться к этому дню, потому что он не вступит в Ханаан. Моисей умолял Господа, чтобы Он дал ему хотя бы перейти Иордан и увидеть землю за ним. Но Господь был непреклонен. Моисей, за грехи израильского народа, не попадет туда. Поэтому он должен дать наставления Иисусу Навину, который станет вождем народа после его смерти.

Моисей повиновался и сказал Иисусу: «Будь тверд и мужествен, ты войдешь с народом в Землю Обетованную и разделишь ее между племенами Израиля. Не бойся, Господь Сам пойдет перед тобой,

Он будет с тобой, не отступит от тебя и не оставит тебя».

Потом Моисей поднялся на гору Нево, увидел землю, которую Господь отдавал сынам Израиля, — ту благодатную землю, в которую ему не суждено было войти, — и умер. Похоронен он был в долине; места же, где он погребен, не знает никто. Оплакивали его тридцать дней, и не было больше у Израиля пророка, равного Моисею.

Раав скрывает израильских лазутчиков

Нав 2

После того, как окончился траур по Моисею, Иисус Навин собрал израильских военачальников и объявил, что через три дня народ отправляется на завоевание Земли Обетованной. Но прежде, чем отправляться в долгожданный

поход, надо было получить сведения об Иерихоне, городе, который лежал на пути израильтян. Иисус послал туда двух лазутчиков. Они остановились в доме женщины по имени Раав.

Иерихонскому царю донесли, что какие-то люди из израильского народа проникли в город. Царь послал сказать Раав, чтобы она выдала израильтян. Но Раав скрыла своих гостей, а царским слугам сказала, что какие-то люди действительно побывали у нее, но недавно ушли. «Гонитесь за ними скорее, вы догоните их!» — воскликнула она. Когда посланники царя отправились искать лазутчиков за пределы города, Раав сказала израильтянам: «Я знаю, что Господь отдал эту землю вам, вы навели на нас ужас, и все жители нашей земли боятся вас. Мы слышали, как Господь иссушил перед вами воды моря и как вы истребили ваших врагов». И Раав просила их, чтобы в благодарность за то, что она их спасла, израильтяне оставили бы в живых ее саму и всех ее близких, когда завоюют город. Лазутчики поклялись, что исполнят ее просьбу, и велели ей собрать в своем доме тех, чью жизнь она хочет сохранить.

Дом Раав находился в городской стене. Она сбросила из окна веревку, и лазутчики, спустившись по ней, оказались за чертой города. Раав посоветовала им, как лучше укрыться от преследователей. Лазутчики вернулись в израильский стан и рассказали Иисусу Навину все, что им довелось увидеть и пережить. И сказали ему: «Господь отдал эту землю в наши руки, и все ее жители в страхе от нас».

Переход через Иордан

Нав 3

Иисус заранее привел израильтян к Иордану, и они расположились лагерем напротив Иерихона. Он велел объявить народу, что когда они увидят ковчег Завета Господня и несущих его священников и левитов, то пусть идут за ними, соблюдая известное расстояние. Священникам же Иисус сказал, чтобы они, как только войдут с

107

ковчегом в воды Иордана, остановились там.

Как только священники вступили в Иордан, воды его разделились: выше по течению вода встала стеной, а та, что стремилась в Соленое море, ушла в песок. Священники, с ковчегом Господним на руках, стояли на суше посреди Иордана, а народ переходил реку посуху. Когда переправа окончилась, Иисус призвал двенадцать человек, по одному из каждого израильского племени, и сказал, чтобы они взяли по камню со дна реки в память о чудесном переходе через Иордан. Затем Господь сказал Иисусу, чтобы он отдал приказ священникам, несущим ковчег, выйти из реки. Как только они ступили на сушу, вода Иордана потекла как прежде.

Трубы Иерихона

Нав 6

Настал день, когда Господь сказал Иисусу Навину: «Я отдаю в твои руки Иерихон». Иисус призвал священников и сказал, чтобы они несли ковчег Завета, а семеро из них должны были идти перед ковчегом и трубить в трубы. Вооруженным воинам было прика-

зано идти впереди священников, остальным же Иисус велел следовать за ковчегом, тоже трубя в трубы. Иисус предупредил, чтобы во время шествия никто не произносил ни звука, пока он сам не прикажет.

Шесть дней подряд израильтяне обходили так Иерихон вокруг городских стен по разу в день. На седьмой же день они встали с зарей и семь раз обошли город. Когда священники затрубили в трубы в седьмой раз, Иисус

воззвал к народу: «Воскликните, Господь отдал вам город!» Люди закричали во весь голос, и городские стены обрушились. Израильтяне ворвались в Иерихон.

Иисус отдал приказ, чтобы Раав и тех, кто был в ее доме, вывели за пределы города и поселили среди израильтян. Так Иисус Навин сдержал клятву, данную женщине, которая спасла жизнь двум израильским воинам.

Солнце над Гаваоном

Нав 9:1-10:13

Цари народов, живших в Ханаанской земле, собрались, чтобы
заключить союз против израильтян. Но жители Гаваона не хотели
воевать с Израилем, зная, что
Господь ведет народ от победы к
победе. Знали они и то, что израильтяне не заключают союза ни
с кем из соседних народов. И
решили они действовать хитро-
стью. Оделись в ветхие одежды,
взяли с собой сухой заплесневелый хлеб и явились к Иисусу
Навину с предложением заключить союз. Они сказали, что слышали о деяниях Господа в Египте,
слышали и о том, что Господь
сделал для Израиля здесь, в Ханаане. Поэтому-то они и стремятся к
союзу. Чтобы доказать, что их
земля находится далеко отсюда,
жители Гаваона показали израильтянам сухой и заплесневелый
хлеб, сказав, что взяли его с собой
в дорогу еще теплым. И про одежду свою сказали, что она обветша-
ла в пути. Иисус Навин поверил
им, заключил с ними мир и пообещал, что сохранит им жизнь. И все
израильские старейшины поклялись не нарушать этого условия.

Вскоре израильтяне узнали,
что их обманули: до Гаваона было
всего три дня пути. Но когда они
пришли туда, то не смогли нару-
шить клятву и истребить жителей.
Старейшины сказали: «Мы кля-
лись Господом, Богом Израиля, и
поэтому не можем коснуться их.
Вот что мы сделаем: оставим их в
живых, и пусть они будут рубить
дрова и черпать воду для всего
народа». Так народ Гаваона стал
служить народу Израиля.

Узнав, что Гаваон заключил мир с израильтянами, задумали ханаанские цари наказать его народ. Собрали они своих воинов и выступили к Гаваону. Жители Гаваона послали за помощью к Иисусу Навину. Господь сказал ему: «Не бойся их, Я отдал их в твои руки. Никто из них не устоит перед тобой». Иисус немедленно отправился в Гаваон. Господь привел вражеское войско в смятение, и израильтяне легко одержали победу в битве. Когда же рассеянные полчища врагов обратились в бегство, Господь наслал на них каменный град. И от падающих с неба камней погибло больше людей, нежели в битве.

Израильтяне преследовали побежденных, но приближалась ночь. Тогда Иисус воззвал: «Стой, солнце, над Гаваоном, и луна над долиною Аиалонскою! И случилось чудо: солнце и луна остановились и стояли, пока израильский народ уничтожал войска, дерзнувшие выступить против него.

Израиль отступает от Божьих заповедей

Суд 2

При жизни Иисуса Навина израильтяне не знали поражений. Но все же он не сумел отвоевать все земли, которые Господь дал потомкам Авраама. Часть их еще предстояло завоевать. Но если Иисус, следуя завету Господа, не вступал в союз с народами Ханаана, то после его смерти израильтяне перестали соблюдать это правило. Они жили в окружении других народов, брали чужеземных жен и выдавали своих дочерей за иноплеменников, поклонялись чужим богам. За это Господь разгневался на них и предал их в руки врагов. В нужде израильтяне вспоминали Господа, своего Бога, и обращались к Нему за помощью. Тогда Господь избирал из них предводителей — Судей, и они спасали народ, потому что Господь жалел его. Но в дни мира и покоя израильтяне вновь обращались к чужим богам.

Гедеон

Суд 6-7; 8:22-23, 32-33

В наказание за идолопоклонство Господь покорил израильтян мадиамскому народу. Тяжело пришлось израильтянам. На их землю приходили поработители, приводили с собой скот, разбивали шатры. Их было великое множество, как саранчи, и они опустошали землю, не оставляя ничего для пропитания израильтян. Снова возопили сыны Израиля к Господу, и Господь услышал их.

Однажды явился ангел Господень израильтянину по имени

Гедеон и сказал ему: «Господь с тобою». Гедеон ответил: «Если Господь с нами, то отчего все это с нами случилось? Видно, Господь оставил нас и предал в руки мадианитян». Но Господь сказал ему: «Иди и спаси Израиль. Я посылаю тебя». Гедеон усомнился и спросил: «Как же я спасу Израиль? Племя мое в колене Манассии самое бедное, и я в доме младший». Но Господь пообещал: «Я буду с тобою, и ты победишь мадианитян, как одного человека». И ангел дал знамение: прикоснулся жезлом к мясу и пресным лепешкам, лежавшим на камне, и вышел из камня огонь и поглотил пищу.

В ту же ночь Гедеон разрушил жертвенник Ваалу и воздвиг жертвенник Богу на месте, которое указал Господь, и принес там жертву. Наутро люди увидели разрушенный жертвенник Ваалу и захотели убить Гедеона. Но его отец сказал: «Вам ли вступаться за Ваала, вам ли защищать его? Если он бог, то пусть сам вступится за себя».

Между тем, Гедеон стал собирать народ, чтобы дать сражение мадианитянам и их союзникам, и снова попросил, чтобы Господь послал ему знамение, если ему действительно суждено разбить врагов. Расстелил Гедеон по земле шерсть, и наутро увидел, что роса выпала только на нее, а вокруг было сухо. Гедеон в другой раз расстелил шерсть. В эту ночь роса выпала на землю, шерсть же осталась сухой.

И вот собрались воины, чтобы Гедеон повел их в сражение. Но Господь сказал: «Слишком много с тобой народа. Я не могу отдать мадианитян в их руки, чтобы Израиль не возгордился предо Мною и не стал после говорить, что это он сам победил своих врагов». Тогда Гедеон всех отпустил, сказав, что ему нужны только добровольцы. Двадцать две тысячи человек ушли, остались же десять тысяч. Но Господь сказал, что и этого чересчур много. «Веди их к

воде, там Я выберу, кто пойдет с тобою против мадианитян». Привел Гедеон своих воинов к воде. Тех, кто стал на колени, чтобы напиться прямо из реки, Господь отверг, а тех, кто пил воду из руки, лакая по-собачьи, дал в спутники Гедеону. Таких набралось всего триста человек.

«Проникни в мадиамский стан, — сказал Господь Гедеону, — и послушай, что́ там говорят. Это укрепит тебя». Тот подчинился и тайком прокрался в лагерь противника. Там он увидел множество людей. Заколебался Гедеон — а сумеет ли он разбить вражеские полчища? — и тут услышал разговор двух мадиамских воинов. Один из них рассказывал свой сон:

«Снилось мне, будто круглый ячменный хлеб катился по мадиамскому стану и, прикатившись к шатру, ударил в него так, что опрокинул его, и шатер рассыпался». Собеседник отвечал ему: «Это не что иное, как меч Гедеона. Бог отдал мадианитян в его руки». Услышав этот разговор, Гедеон воспрянул духом.

Перед тем, как выступить в поход, Гедеон разделил триста своих воинов на три отряда и дал им всем в руки трубы, светильники и пустые кувшины для них, чтобы спрятать до поры огонь. Придя к мадиамскому стану, все разом затрубили в трубы и разбили кувшины, а потом закричали: «Меч Господа и Гедеона!» Испуганные мадианитяне метались по своему лагерю и в панике поражали друг друга собственными мечами. Те же, кому удалось бежать, были перехвачены специально посланными для этого людьми.

С Божьей помощью Гедеон одержал еще много побед, и народ хотел сделать его царем. Но Гедеон ответил: «Ни я не буду владеть вами, ни мой сын; пусть Господь будет вашим царем». Был Гедеон великим Судьей в Израиле и чтил Господа. Когда же он умер, израильтяне вновь обратились к вере в Ваалов и поставили себе богом Ваалверифа.

Самсон

Суд 13

Вот уже сорок лет филистимляне притесняли народ Израиля, продолжавший уклоняться от соблюдения закона, данного Господом Моисею. Но несмотря ни на что, Бог не оставил израильтян.

Маной, благочестивый и богобоязненный израильтянин, не имел детей. Но вот однажды явился его жене ангел Господень и сказал ей, что она родит мальчика и что он совершит славные дела во имя Божье. Но только он никогда не должен стричь волос, иначе его постигнет беда.

Через некоторое время родился у Маноя сын, и назвали его Самсоном.

Загадка Самсона

Суд 14

Когда Самсон вырос, он решил жениться на филистимлянке. Родители уговаривали его: «Разве нет женщин во всем народе, что ты идешь брать жену у филистимлян?» Но они не знали, что Самсон подчиняется Божьей воле.

Отправились они в Фимнафу, филистимский город, чтобы посвататься к девушке. Вдруг на Самсона с рычанием выскочил молодой лев. Но тут на юношу сошел Дух Господень, и он растерзал льва, как козленка. Ни отцу, ни матери Самсон ничего не рассказал.

Сватовство прошло успешно, и через несколько дней Самсон отправился за невестой. Проходя мимо убитого льва, он увидел рой пчел, летающих вокруг. Он подошел ближе, и оказалось, что пчелы устроили там улей и собирают мед. Самсон взял меда, ел сам, угостил и родителей, но не сказал никому, где он нашел его.

И вот устроил Самсон в Фимнафе семидневный пир по случаю своей свадьбы. На этом пиру он загадал загадку. Тридцать филистимлян взялись разгадать ее. Условились, что если они разгадают загадку Самсона, то получат каждый по рубашке из тонкого полотна и по перемене одежд. Если же не разгадают, то тридцать

рубашек и тридцать перемен одежд — по одной от каждого — получит Самсон. Загадка была такая: «Из того, кто ест, вышло то, что едят; из сильного вышло сладкое — что это такое?»

Не могли филистимляне разгадать загадку Самсона и стали просить, чтобы жена выпытала у него верный ответ. «Разве вы позвали нас на свое торжество, чтобы обобрать?» — возмущались они. И вот жена стала уговаривать Самсона, чтобы он сказал ей ответ. Все семь дней пира приставала она к нему, плакала и молила. Наконец Самсон не выдержал и исполнил ее просьбу. Она же передала разгадку филистимлянам.

На седьмой день пира филистимляне сказали Самсону, что знают ответ: «Что может быть слаще меда и сильнее льва?» Тогда Самсон понял, что жена предала его. Пошел он в другой филистимский город, убил там тридцать филистимлян и взял их одежду. Затем вернулся в Фимнафу, чтобы отдать долг, но не захотел оставаться там, потому что сильно рассердился на жену. Когда же через несколько дней гнев его поутих и он явился за ней, оказалось, что она отдана другому.

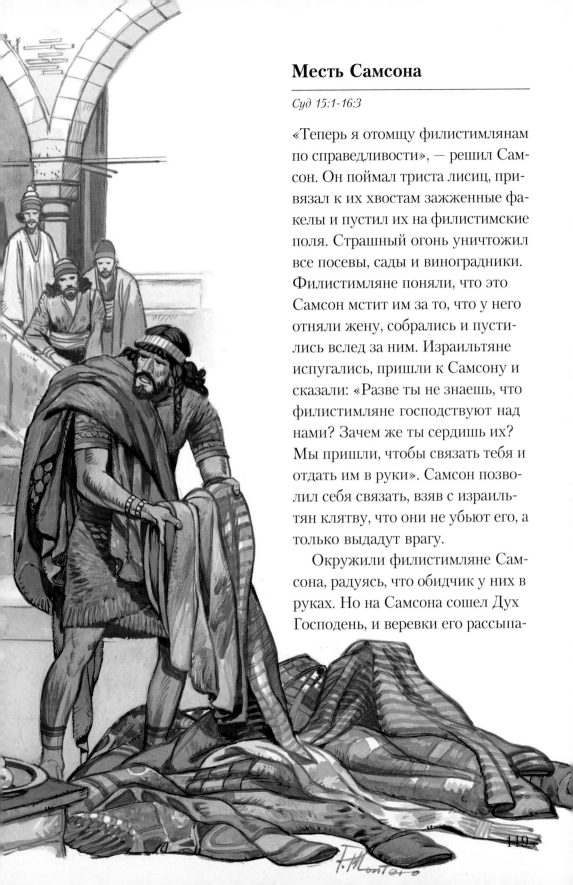

Месть Самсона

Суд 15:1-16:3

«Теперь я отомщу филистимлянам по справедливости», — решил Самсон. Он поймал триста лисиц, привязал к их хвостам зажженные факелы и пустил их на филистимские поля. Страшный огонь уничтожил все посевы, сады и виноградники. Филистимляне поняли, что это Самсон мстит им за то, что у него отняли жену, собрались и пустились вслед за ним. Израильтяне испугались, пришли к Самсону и сказали: «Разве ты не знаешь, что филистимляне господствуют над нами? Зачем же ты сердишь их? Мы пришли, чтобы связать тебя и отдать им в руки». Самсон позволил себя связать, взяв с израильтян клятву, что они не убьют его, а только выдадут врагу.

Окружили филистимляне Самсона, радуясь, что обидчик у них в руках. Но на Самсона сошел Дух Господень, и веревки его рассыпа-

лись. Подверну-
лась ему под руку
ослиная челюсть. Самсон
схватил ее и убил тысячу филистимлян, остальные же в страхе
разбежались.

Тут Самсон почувствовал силь-
ную жажду и воззвал к Господу:
«Ты спас меня от филистимлян, а
теперь я умру от жажды и попаду
им в руки». В ответ Господь раз-
верз землю, и образовалась большая яма, откуда потекла вода. Это
место назвали «Источник взыва-
ющего».

Самсон был Судьей Израиля
двадцать лет. Он наводил ужас на
филистимлян своей необычайной
силой. Однажды он схватил ворота города, в котором враги замыс-
лили предательски убить его, и
отнес их на вершину горы. Множество филистимлян поразил
Самсон благодаря силе, дарован-
ной ему Господом.

Самсон и Далила

Суд 16:4-20

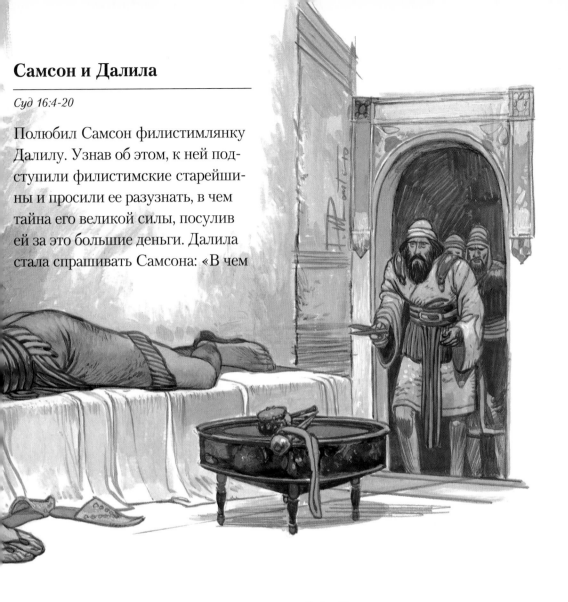

Полюбил Самсон филистимлянку Далилу. Узнав об этом, к ней подступили филистимские старейшины и просили ее разузнать, в чем тайна его великой силы, посулив ей за это большие деньги. Далила стала спрашивать Самсона: «В чем секрет твоей огромной силы, и чем тебя связать, чтобы усмирить?» Самсон ответил ей, что если связать его семью сырыми тетивами, то он станет обычным человеком. Пока Самсон спал, Далила связала его семью сырыми тетивами, а потом разбудила его криком: «Самсон! Филистимляне идут на тебя!» Самсон вскочил, и тетивы разорвались, как нитки.

Далила сказала: «Ты обманул меня! Скажи же теперь, чем тебя связать?» Самсон ответил, чтобы его связали новыми веревками. И снова разорвал эти путы в мгновение ока. В третий раз спросила Далила Самсона. Тогда он сказал ей, что если заплести его волосы

в семь кос, в косы вплести ткань, а ткань прибить к колоде, то он сделается как прочие люди. И в третий раз Самсон с легкостью вскочил, когда Далила закричала: «Самсон! Филистимляне идут на тебя!»

Тогда Далила сказала Самсону: «Как же ты говоришь мне, что любишь меня, а сам меня обманываешь? Если бы ты меня любил, то давно сказал бы мне правду!» И все время упрекала его. Упреки Далилы были настолько тягостны для Самсона, что однажды он не выдержал и рассказал ей, откуда у него такая великая сила и как он может потерять ее. «Я ни разу не стриг волос, потому что так повелел Господь еще до моего рождения. Если же меня остричь, то моя сила пропадет; я сделаюсь слаб и буду как прочие люди». Далила послала к филистимским старейшинам, сказав им, что Самсон открыл ей свою тайну. Она получила свое серебро; потом усыпила Самсона, а человек, которого она позвала, остриг его. Самсон стал слабеть, сила отступила от него. Далила крикнула, как прежде: «Самсон, филистимляне идут на тебя!» — но Господь отвернулся от него, и он не смог освободиться.

Смерть Самсона

Суд 16:21-30

Схватили филистимляне Самсона, выкололи ему глаза и отвели в темницу, где сковали его медными цепями.

Прошло некоторое время, волосы Самсона начали отрастать, и сила стала возвращаться к нему, но никто не знал об этом. Между тем, филистимские старейшины собрались принести жертву своему богу Дагону и решили, что вид когда-то грозного, а теперь бессильного и слепого врага позабавит их. Приказали привести Самсона. Старейшины

и весь филистимский народ радовались и восхваляли Дагона за то, что он отдал им в руки такого могучего врага. Огромное количество народа собралось поглазеть на него. Вдруг Самсон попросил, чтобы его подвели к столбам, на которых держался храм, и прислонился к ним. «Господи, Боже! — воззвал он. — Вспомни меня и укрепи, чтобы мне в один раз отомстить филистимлянам за два моих глаза!» А потом воскликнул: «Пусть я умру с филистимлянами!» — и сдвинул столбы. Здание обрушилось, и все, кто в нем был, погибли. И тех, кого погубил Самсон при своей смерти, было больше, чем тех, кого он поразил при жизни.

Ноеминь и Руфь

Руфь 1

Жила-была в городе Вифлееме семья: муж, жена и два сына. И вот однажды случился неурожай. Чтобы спастись от голода, пришлось им переселиться в Моав. Но вскоре муж умер, и Ноеминь осталась одна со своими сыновьями.

Время шло. Сыновья выросли и взяли себе жен-моавитянок. Но вскоре умерли и они оба, не оставив после себя детей. Сильно горевала Ноеминь и решила возвратиться в Иудею. Позвала к себе вдов своих сыновей и сказала им:

«Зачем вам идти со мной? Ведь у меня больше нет для вас сыновей, а вам нужно снова выйти замуж». Вдова младшего сына послушалась ее и осталась в Моаве, вернувшись к своему народу и своим богам. А вдова старшего сына, Руфь, не захотела расстаться с Ноеминью. И они вместе отправились в Вифлеем.

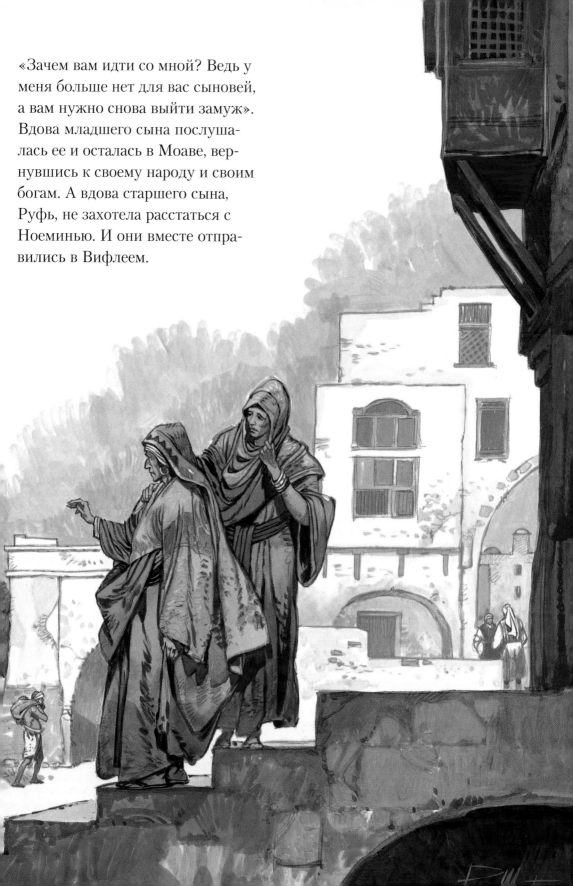

вместе с его жнецами, пить и есть с ними. Жнецам же велел, чтобы они отдавали Руфи часть собранного ими зерна. Руфь поблагодарила Вооза и спросила: «За что ты так милостив ко мне, чужестранке?» Вооз ответил ей: «Я знаю, что ты так любишь свою свекровь, что оставила родителей и свою родину и пришла к народу, которого раньше не знала. Да наградит тебя за это Господь, Бог Израилев, к Которому ты пришла». Закончив работу и вернувшись домой, Руфь рассказала о том, как милостив был к ней Вооз. Ноеминь обрадовалась и возблагодарила Господа за помощь.

Руфь на поле Вооза

Руфь 2; 4:13-22

Чтобы найти какое-то пропитание для себя и своей свекрови, Руфь пошла в поле, где ходила за жнецами и подбирала колоски. Там ее увидел Вооз, родственник Ноемини, которому принадлежало поле, пожалел ее и сказал, что она может находиться в поле

Все время, пока продолжалась жатва, Руфь собирала колосья на поле Вооза. За это время Вооз полюбил ее и решил к ней посвататься. Руфь с радостью согласилась и стала его женой. Вскоре она родила сына, и Ноеминь нянчила его. А израильтянки радовались и говорили Ноемини: «Благословен Господь, что Он не оставил тебя без наследника!»

Правнуком же Вооза и Руфи был Давид — знаменитый царь Израиля, великий воин, поэт и пророк!

Молитва Анны

1 Цар 1

Жил-был в Израиле человек по имени Елкана, и было у него две жены. Одну звали Анна, а другую — Феннана. У Феннаны было много детей, а у Анны детей не было. Но Елкана все равно больше любил ее, и когда в праздники вся семья принималась за угощение, он всегда отдавал ей самые лакомые куски. За это завистливая Феннана все время обижала соперницу и смеялась над ее бездетностью. Несчастная Анна часто плакала и молила Бога, чтобы Он подарил ей сына. Она обещала, что если у нее родится мальчик, то она отдаст его Господу на служение.

Однажды, когда она горячо молилась и плакала в храме, ее увидел священник Илий. Он подошел к ней и спросил: «Что с тобой? Уж не пьяна ли ты?» Анна поведала ему о своем несчастье. Тогда священник ответил ей: «Ступай с миром. Бог исполнит твою просьбу».

Вскоре мечта Анны и ее мужа сбылась: она родила сына. Назвали его Самуилом. Когда он немного подрос, Анна пришла к Илию и отдала ему мальчика, как обещала.

Призвание Самуила

1 Цар 3:1-10, 20

Время шло. Самуил рос в доме Илия и служил Господу. Но вот однажды ночью он услышал зовущий его голос. Самуил подумал, что это Илий, и поспешил к нему; но тот сказал, что не звал его. Так повторялось еще дважды.

Наконец Илий понял, что
это Бог обращается к Самуилу,
и сказал: «Когда голос позовет
тебя снова, скажи: „Говори,
Господи, я слышу Тебя"». Вновь
явился Господь Самуилу, и тот
ответил, как его научил Илий.
И скоро весь Израиль узнал, что
Самуил избран быть пророком
Господним.

Пленение ковчега

1 Цар 4:1-18; 5:1-6:15

Тем временем началась война между израильтянами и филистимлянами. Потерпев в одной из битв поражение, старейшины Израиля решили принести в воинский стан ковчег Завета Господня, чтобы он спас и защитил народ. Но и это не помогло: филистимляне вновь одержали победу и захватили ковчег. В этой битве были убиты сыновья Илия, а сам он умер, сраженный ужасным известием.

Захватив ковчег, филистимляне принесли его в храм Дагона, одного из языческих богов, которому они поклонялись. На другой день, зайдя в храм, они увидели статую Дагона, поверженную перед ковчегом Господним. Статую поставили на место, но на следующее утро опять нашли ее на земле перед ковчегом, с отсеченными руками и головой. Жители же города, в котором находился ковчег, покрылись мучительными язвами. Тогда филистимляне решили перевезти ковчег в другой город. Но и там гнев Господа обратился на них. Те, которые не умерли,

были поражены язвами, так что вопль жителей города восходил до небес.

Семь месяцев находился ковчег Господень у филистимлян, и они не знали, что с ним делать. Наконец, филистимские жрецы и прорицатели, вспомнив про казни египетские и испугавшись, предложили построить колесни-цу для ковчега Завета, впрячь в нее двух коров, не знавших ярма, положить рядом жертвенные дары и отпустить на все четыре стороны. И вот, впряженные в колесницу коровы сами пошли в пределы Израиля, и ковчег вернулся к своему народу.

Помазание Саула

1 Цар 8; 9:15-21; 10:1, 9-11, 17-27;
13:13-14; 15:22-28

Много лет Самуил был Судьей Израиля. Пока он был жив, филистимляне не смели нападать на Израиль, и все города, захваченные ими ранее, были возвращены. Когда же Самуил состарился, он поставил Судьями своих сыновей. Но они были нечестивы, и израильтяне, увидев, что всеми соседними народами правят цари, стали возражать: «Поставь и нам царя, чтобы он правил нами, как у прочих народов». Самуил обратился за советом к Господу. Господь ответил ему: «Не тебя они отвергли, но отвергли Меня, чтобы Я не царствовал над ними. Так поступали они с того дня, когда Я вывел их из Египта — оставляли Меня и служили иным богам». Тем не менее Господь повелел сделать так, как просил народ Израиля.

Самуил пытался образумить людей, объясняя, что Израилю не нужен другой царь, кроме Господа, что царь будет брать из народа воинов и ремесленников, чтобы они служили ему, будет распоряжаться полями и виноградниками, забирая часть плодов и посевов, будет требовать рабов и отбирать скот... Но народ не прислушался к предостережению Самуила.

Через некоторое время Господь сказал Самуилу, что к нему явится человек, который и будет царем Израиля. Как сказал Господь, так и случилось. Пришел к Самуилу высокий и красивый юноша по имени Саул, из племени Вениамина. Он был сыном знатного человека и разыскивал пропавших ослиц своего отца. Самуил помазал ему голову елеем и предсказал, что он станет царем Израиля. Саул удивился — ведь он и не помышлял об этом. Но на него сошел Дух Господень, и он вдруг почувствовал, что у него появились новые силы и он готов принять царство. Тогда Самуил созвал народ и представил всем царя, которого избрал Господь.

Саул был храбрым воином. С Божьей помощью он одолел многих врагов. Но в нем не было истинной веры, и он не всегда следовал Божьей воле. И однажды Самуил сказал ему: «Неужели ты думаешь, что жертвоприношения важнее Богу, чем послушание Ему? За то, что ты отверг слово Господа, и Он отверг тебя, чтобы ты не был больше царем».

Избрание Давида

1 Цар 16

Господь объявил Самуилу, что нашел другого человека, который достоин быть царем Израиля. Самуил наполнил свой рог елеем и, по слову Господню, отправился в город Вифлеем. Там он нашел Иессея, один из сыновей которого и был Божьим избранником. Когда Иессей позвал своих сыновей, Самуил, увидев одного из них, сразу решил, что это и есть будущий царь Израиля. Но Господь сказал Самуилу: «Не смотри, что он красив и высок, Я избрал не его; Я смотрю не так, как смотрит человек: человек смотрит на лицо, а Бог смотрит на сердце». И Он указал на младшего из братьев, Давида, чтобы Самуил тайно помазал его на царство.

Между тем Саул, отвергнутый Господом, все чаще стал испытывать приступы тоски и тревоги, и слуги посоветовали ему позвать музыканта, чтобы он развлекал царя своим мастерством. Саул распорядился позвать Давида, который был искусен в игре на гуслях. Так Давид стал служить в доме царя, облегчая его страдания.

Давид и Голиаф

1 Цар 17

И снова собрались филистимляне напасть на Израиль. Саул вывел израильское войско навстречу неприятелю. Тогда из филистимского стана вышел Голиаф, искусный воин, и стал вызывать на единоборство кого-нибудь из израильтян. Голиаф поставил условие, что если он сам потерпит поражение, то филистимляне станут рабами Израиля, а если одержит верх — израильтяне станут служить филистимлянам. Израильтяне испугались, потому что Голиаф был огромного роста, имел мощные доспехи и казался непобедимым. Никто не осмеливался вступить с ним в бой.

Давид же, когда Саул собирал войско для войны, вернулся в дом своего отца. Его старшие братья отправились воевать, а он пас овец в Вифлееме. Отец сказал ему, чтобы он пошел навестить братьев. Когда Давид оказался в воинском стане, он услышал вызов Голиафа и решил принять его. Саул стал отговаривать его: «Ты не можешь идти против этого филистимлянина, потому что ты еще мальчик, а он — зрелый воин». Давид отвечал Саулу: «Я пас овец у моего отца, и когда, бывало, приходил лев или медведь и уносил овцу из стада, то я гнался за ним, и нападал на него, и отнимал прямо из его пасти; а если он бросался на меня, то я брал его за космы и убивал его. И с этим филистимлянином будет то же. Господь избавлял меня от льва и медведя; Он избавит меня и от руки врага». Тогда Саул одел Давида в свои одежды, возложил на его голову медный шлем, надел на него доспехи и опоясал мечом. Но Давид не привык ходить в тяжелом воинском облачении и снял его с себя. Он взял свой пастушеский посох, положил в свою сумку пять гладких камней из ручья, взял в руки пращу и отправился навстречу

Голиафу. Голиаф изумился, увидев перед собой безоружного юношу. А Давид сказал ему: «Ты идешь против меня с мечом, копьем и щитом, а я иду против тебя во имя Господа Саваофа, Бога воинств Израильских». Выхватил из сумки камень, вложил в пращу и поразил Голиафа.

Саул преследует Давида

1 Цар 18; 21; 22:13-19; 24; 26:1-27:12

После победы над Голиафом Саул приблизил к себе Давида. Давид прекрасно справлялся с любым поручением царя и приобретал все бо́льшую любовь народа. Особенно полюбил его сын Саула Ионафан. Все это вызывало у царя зависть. Однажды Саул бесновался в своем доме, потому что на него напал злой дух. Давид играл на гуслях, чтобы отвлечь и успокоить царя. Вдруг Саул схватил копье и метнул в Давида. Но Давид уклонился от разящего удара, и Саул понял, что Господь, отступивший от него, полюбил этого юношу. Саул испугался и решил во что бы то ни стало покончить с соперником. Он

пообещал отдать за него свою дочь, только прежде пусть убьет сто филистимлян. Так Саул надеялся погубить Давида руками врагов. Но Давид выполнил требование царя, и число убитых филистимлян было даже вдвое больше, чем хотел Саул. Саулу пришлось выполнить свое обещание — его дочь Мелхола стала женой Давида.

Только истинная дружба Ионафана помогла Давиду несколько раз избежать гибели от рук Саула и его слуг. Наконец, по совету Ионафана, знавшего все планы своего отца, Давид был вынужден бежать из дома царя. Он прятался в лесах и пещерах, а Саул преследовал его по пятам. Ненависть царя была так сильна, что он даже приказал перебить всех жителей города, где священники дали хлеба Давиду и его спутникам.

Спасаясь от гнева царя, Давид вынужден был отправиться в

филистимскую землю. Ему пришлось притвориться безумным, чтобы враги не убили его. Когда же он снова вернулся в Израиль, Саул опять начал преследование.

Однажды Давиду принесли весть о том, что филистимляне атакуют один из израильских городов. Он пришел на помощь, разогнал врагов и поселился в этом городе. Но Саул решил, что теперь-то Давид у него в руках. Он собрал своих воинов и выступил против соперника.

Пришлось Давиду вновь бежать от царя. Но он не держал на него зла и не хотел мстить, даже когда мог легко убить его. Однажды он сумел подойти к царю так близко, что отрезал край его одежды; в другой раз, проникнув в шатер преследователя, только похитил его копье. Когда Саул узнал, что Давид имел возможность его

убить, но не воспользовался этим, он раскаялся и воскликнул: «Кто, застав своего врага врасплох, отпустил бы его в добрый путь? Господь воздаст тебе добром за то, что ты мне сделал, и теперь я знаю твердо, что ты непременно будешь царствовать. Возвратись, сын мой Давид, и я не буду больше делать тебе зла; я очень согрешил перед тобою».

Раскаяние Саула было искренним, но длилось оно недолго.

Безумие вновь подступало к нему, и вновь он бросался на поиски Давида, желая уничтожить своего соперника. Понимая, что вечно избегать встречи с Саулом будет трудно, Давид бежал к филистимлянам. Саул, узнав об этом, прекратил преследование. А Давид со своими людьми поступил на службу к Анхусу, царю одного из филистимских городов, и пробыл там год и четыре месяца. Все это время он истреблял разные племена, враждовавшие с Израилем и жившие в той стране, а царю говорил, что воюет со своими соплеменниками. Анхус радовался и думал, что Давид, обиженный израильтянами, всегда будет служить ему.

Гибель Саула

1 Цар 29; 31; 2 Цар 1

Тем временем филистимляне собирали свои войска, чтобы напасть на Израиль. Давид тоже отправился с войском. Но филистимские князья не хотели, чтобы Давид принимал участие в битве, опасаясь, что он повернет оружие против них. Давид вынужден был возвратиться. А филистимляне разбили войско Саула и убили трех его сыновей. Одним из них был верный друг Давида Ионафан. Не вернулся с битвы и сам Саул: он был смертельно ранен.

Когда Давид узнал о смерти Саула и Ионафана, он в скорби разодрал свои одежды и рыдал, и постился. Погиб израильский царь, помазанник Божий, потерпели поражение израильские войска, не стало лучшего друга — Ионафана. Обо всем этом горько скорбел Давид. Человек же, который добил умирающего Саула и принес Давиду известие о его гибели, был казнен.

Давид становится царем

2 Цар 2:1-4; 4:1-5:9

Теперь Давиду было незачем оставаться у филистимлян, и он отправился в землю, принадлежавшую потомкам Иуды. Там он был провозглашен царем Иудеи, а над остальными племенами Израиля воцарился сын Саула Иевосфей. Впрочем, царствование Иевосфея было недолгим. Двое приближенных, пробравшись в его спальню, предательски убили царя и отнесли его голову в Иудею к Давиду. Давид разгневался: «Если того, кто принес мне известие о гибели Саула и кто считал себя радостным вестником, я схватил и убил вместо того, чтобы дать ему награду, — то теперь, когда негодные люди убили невинного человека в его доме на его постели, неужели я не истреблю вас с лица земли?» И Давид приказал казнить убийц Иевосфея.

Народ Израиля давно уже хотел, чтобы Давид правил ими. После смерти Иевосфея старейшины помазали Давида на царство. Своей столицей он выбрал Иерусалим. Он завоевал крепость Сион, защищавшую город, и сам поселился в ней.

Перенос ковчега в Иерусалим

2 Цар 6:1-15, 17-18; 1 Пар 13; 15-16; Пс 95

Давид призвал к себе израильтян, чтобы вместе с ними перенести ковчег Господень в Иерусалим. Ковчег поставили на колесницу и отправились в путь. Давид и весь народ восхваляли Бога пением, плясками и игрой на музыкальных инструментах.

Так процессия двигалась в город Давидов. Вдруг на повороте ковчег накренился, и один из израильтян придержал его. Но еще Моисей заповедал, что только потомки Левия, специально избранные для служения, могут прикасаться к ковчегу. Господь прогневался за этот дерзкий поступок, и человек, посмевший дотронуться до святыни, упал замертво. Давид испугался и оставил ковчег в ближайшем доме на три месяца. А после этого призвал левитов, чтобы они несли святыню.

Ковчег под музыку и пляски был перенесен в город Давидов и поставлен в скинию. Здесь Давид, бывший не только храбрым воином и мудрым царем, но еще и превосходным поэтом, посвятил Господу псалом:

«Славьте Господа, провозглашайте имя Его, возвещайте в народах дела Его...

Трепещи пред Ним, вся земля, ибо Он основал Вселенную, и она не поколеблется.

Да веселятся небеса, да торжествует земля, и да скажут в народах: Господь царствует!»

Давид и Вирсавия

2 Цар 11:2-3, 14-17, 26-27; 12:1-10, 14-19, 24

Однажды, прогуливаясь по плоской крыше своего дворца, Давид увидел красивую женщину, которая купалась в бассейне. Она очень понравилась ему, и он захотел взять ее в жены. Но Вирсавия — так звали женщину — была замужем. Ее муж Урия, иноплеменник, служивший Давиду, находился в это время в военном походе. Тогда Давид написал письмо своему военачальнику: «Поставьте Урию там, где будет самое сильное сражение, и отступите от него, чтобы он погиб».

Как приказал царь, так и было сделано. Урия был убит, а Давид взял Вирсавию в жены, и она родила ему сына.

Тогда Господь послал к Давиду пророка Нафана, и он рассказал царю такую притчу: «В одном городе жили два человека, один богатый, а другой бедный. У богатого было очень много скота, а у бедного ничего, кроме одной-единственной овечки, которую он купил маленькой и выкормил. Она выросла у него вместе с его детьми, ела его хлеб и пила из его чаши, и спала у него на груди, и была для него как дочь. Пришел к богатому человеку гость, и тот пожалел взять овцу из своего стада, чтобы приготовить обед, а забрал овечку бедняка и изжарил ее для своего гостя». Разгневался Давид: «Этот богач достоин смерти! И за овечку он должен заплатить вчетверо: за то, что он украл ее, и за то, что не имел сострадания». «Этот человек — ты! — ответил Нафан. — Так говорит Господь, Бог Израилев: Я сделал тебя царем над Израилем, Я избавил тебя от руки Саула и дал тебе царство, и если этого для тебя мало, прибавил бы тебе еще больше. Зачем же ты пренебрег словом Господа, совершив злодейство? Ты поразил мечом Урию, а жену его взял себе». Услышав это, Давид покаялся перед Господом, но Нафан объявил ему, что в наказание сын, родившийся у него, умрет. Так и стало.

Через некоторое время Вирсавия вновь родила Давиду сына. Она назвала его Соломоном. Господь полюбил его, и Давид завещал ему царство над Израилем.

151

Последние слова Давида

1 Пар 22; 29:22-28; 3 Цар 2:10-12

Незадолго до смерти Давид призвал Соломона и сказал ему: «Я мечтал о том, чтобы построить Храм Господу. Но Господь сказал мне: „Ты пролил много крови и вел большие войны; ты не должен строить Мне Храма. Вот у тебя родится сын, он будет человек мирный. Он и построит Мне Храм"». И вот Давид наказал Соломону построить Храм Господень, а всем князьям Израиля — помогать ему в этом великом деле. Давид уже начал подготовку к строительству. Он запас много дерева, железа и меди, необходимых для начала работ. Собрал он и драгоценные камни, золото, серебро, пожертвовал на строительство дома Господня множество вещей.

Давид умер, процарствовав сорок лет. Незадолго до смерти он уступил престол Соломону.

153

Мудрость Соломона

3 Цар 3:5-14; 2 Пар 1:7-12

Однажды Соломон увидел во сне Господа. Господь сказал ему: «Проси у Меня, чего хочешь!» И попросил Соломон, чтобы Господь наградил его разумным сердцем, чтобы он мог справедливо судить народ и различать добро и зло. Богу очень понравился ответ Соломона — ведь он просил не богатства и славы, а мечтал быть мудрым царем. Поэтому Господь пообещал исполнить просьбу Соломона, а сверх того дать ему богатства, здоровья и долголетия.

155

Суд Соломона

3 Цар 3:16-27; 4:29-34

Господь дал Соломону мудрость и великий разум. И была мудрость Соломона выше мудрости всех сынов Востока и всей мудрости египтян. Рассказал он три тысячи притчей и сложил тысячу пять песней. Говорил он о деревьях, говорил и о животных, и о птицах, и о рыбах, и приходили от всех народов послушать мудрости Соломона.

Однажды к Соломону пришли две женщины и просили у царя справедливости. Они принесли с собой двух младенцев — живого и мертвого. Первая женщина начала рассказывать: «Господин мой! Мы живем вдвоем в одном доме, и у нас обеих в одно время родились сыновья. Но ее сын вскоре умер. Тогда она ночью, пока я спала, подкралась к моей постели, забрала моего младенца, а мне подложила мертвого». А другая говорила: «Нет, господин мой, это ее ребенок умер, а мой жив».

Выслушал их Соломон и приказал: «Принесите мне меч и рассеките живого ребенка надвое, и пусть каждой женщине достанется по половине». Одна из женщин в ужасе закричала: «Нет, лучше отдайте ребенка другой, только не убивайте его!» — а ее соперница сказала: «Пусть же не будет ни мне, ни тебе — рубите!» Тогда Соломон приказал отдать ребенка той, что пожалела его: «Она и есть его истинная мать».

157

Строительство Храма

3 Цар 5-6; 7:13-51; 8; 2 Пар 2:1-7:11

В стране царили мир, покой и благоденствие. И вот решил Соломон начать строить Храм Господу, как завещал ему отец.

Он отправил послание царю финикийского города Тира, давнему другу Давида, и попросил его прислать для Храма стволы знаменитых ливанских кедров. Израильтяне же тесали в горах камни, носили их в Иерусалим и возводили стены. Когда стены были построены, Соломон призвал самых искусных мастеров, чтобы они украсили Храм, выложили его золотом и драгоценным деревом, поставили резные двери и витые столбы. Затем царь выписал в Иерусалим самых прославленных ремесленников, и они принялись мастерить роскошное убранство и богатую храмовую утварь.

Семь лет длилось строительство, и Храм получился великолепен. Не было в нем недостатка ни в золоте, ни в кипарисовом и кедровом дереве, ни в дорогом камне. Повсюду стояли золотые светильники и медные подставы, и умывальницы, и золотая и медная утварь без счета. Весь Храм был изукрашен искусным литьем и резьбой: там были львы и волы, пальмы и гирлянды цветов, плоды и венки. А в самóм святилище были поставлены два гигантских херувима, вырезанных из масличного дерева и сплошь покрытых золотом.

Когда же все было готово, Соломон приказал перенести в Храм ковчег Завета и поставить его в святилище, под крылья херувимов. И когда священники вышли, то густое плотное облако вдруг заполнило Храм: это Господь явил народу Свое присутствие.

Тогда Соломон благословил израильтян и произнес вдохновенную молитву: «Господи, Боже Израиля! Нет бога, подобного Тебе, ни вверху на небесах, ни внизу на земле! Прошу Тебя — услышь любую молитву, произнесенную в этом Храме! Какое бы бедствие ни постигло Израиль — война ли, засуха, голод, болезнь — услышь нашу молитву и помилуй нас. И кто бы ни молился Тебе — будь то израильтянин или даже иноплеменник — услышь его и исполни его просьбу. И если кто согрешит, и будет наказан, и раскается, и обратится к Тебе от всего сердца — услышь его и прости. Да будет Господь, Бог наш, с нами и не оставит нас!»

Царица Савская

3 Цар 10:1-10, 13; 2 Пар 9:1-9, 12

Прослышав о необычайной мудрости израильского царя, в Иерусалим прибыла царица далекой Савы. Ей казалось, что молва преувеличивает достоинства Соломона. И вот, чтобы испытать его, она стала загадывать ему разные загадки; но не было таких, которые Соломон не мог бы разгадать. Не нашлось у нее и вопросов, на которые он не сумел бы ответить. Увидев же Храм, построенный Соломоном во имя Господа, и царский дворец с его роскошью, она поняла, что мудрости и богатства у Соломона даже больше, чем рассказывали. Тогда царица Савская решила одарить Соломона великим множеством благовоний, драгоценных камней и золота, чтобы выразить ему свое восхищение. Соломон не остался в долгу и преподнес ей поистине царские дары.

161

Смерть Соломона
и разделение царства

3 Цар 11:1-13, 29-38, 43; 12:1-19;
2 Пар 9:30-31; 10

У Соломона было множество жен.
Среди них было много чужестра-
нок, приверженных своим богам.
Когда Соломон состарился, жены
сумели уговорить его, чтобы он
построил жертвенники тем богам,
которым они поклонялись. Жен-

щины молились им, и сам царь стал вместе с ними приносить жертвы и уклоняться от служения Господу Богу. Разгневался Господь на Соломона. Несколько раз Он являлся к нему и запрещал следовать чужим богам, но Соломон не послушался. Тогда Господь послал пророка Ахию предупредить царя. Встретив на дороге одного из приближенных Соломона, Иеровоама, Ахия снял свою новую одежду и разорвал ее на двенадцать частей, по числу племен Израиля. А потом сказал Иеровоаму: «Возьми себе десять частей, ибо так говорит Господь, Бог Израилев: Я забираю царство из руки Соломона и даю тебе десять племен. Только одно племя останется за ним ради раба Моего Давида и ради города Иерусалима, который Я избрал».

Вскоре Соломон умер, процарствовав в Израиле сорок лет. Вместо него воцарился его сын, Ровоам. Но израильтяне не захотели признать его царем, потому

что он сказал: «Отец мой наказывал вас, а я буду наказывать еще суровее». Израильтяне возмутились и призвали на царство Иеровоама. Верными Ровоаму остались только племена Иуды и Вениамина. Так произошло разделение царства на Израильское и Иудейское.

Человек Божий

3 Цар 12:26-13:24

Иеровоам боялся, что народ Израиля не долго будет верен ему: израильтяне будут ходить в Иерусалим, чтобы поклоняться Господу в Храме, построенном Соломоном, и постепенно перейдут на сторону Ровоама. Тогда он решил сделать двух золотых быков и возвестил народу: «Незачем вам ходить в Иерусалим: вот твои боги, Израиль, которые вывели тебя из земли Египетской».

Когда быки были сделаны и у их подножия были устроены жертвенники, и назначены священники, чтобы служить быкам, Иеровоам пришел принести им жертвы. В это время по слову Господню явился к жертвеннику человек Божий из Иудеи. Он сказал: «Этот жертвенник распадется, и пепел, который на нем, рассыплется». Услышав эти слова, Иеровоам указал рукой на человека Божия, чтобы его схватили. Но вдруг его протянутая рука одеревенела, так что он не мог ею пошевелить. А жертвенник разрушился, и пепел, бывший на нем, развеялся по ветру. Иеровоам ужаснулся знамению

Господа и стал умолять человека Божия, чтобы он вернул силу его руке. Человек Божий помолился, и Господь вернул Иеровоаму способность двигать рукой. Тогда царь попросил человека Божия зайти к нему в дом, обещав накормить и одарить его. Но человек Божий ответил царю: «Даже если бы ты давал мне полдома твоего, я не пойду с тобой. Так повелел мне Господь: „Не ешь там хлеба и не пей воды, и не возвращайся той дорогой, которой ты шел"». С этими словами он пустился в путь.

Между тем, один старик, прослышав о разрушении жертвенника, поехал за человеком Божьим и предложил ему вернуться в город, чтобы там он смог отблагодарить его за совершенные им чудеса. Человек Божий вновь отказался. Тогда старик сказал, что ему явился ангел Господень и приказал привести к себе домой человека Божия, накормить и напоить его. Старик солгал, но человек Божий поверил ему, вернулся в город, пошел к старику и принял его угощение. За это он жестоко поплатился: не успел он вновь отправиться в путь, как на него напал лев и растерзал его.

165

Великая засуха

3 Цар 16:29-33; 17:1-9

Несмотря на предостережение Господа, Иеровоам продолжал уклоняться от праведной жизни. Он по-прежнему возводил жертвенники и назначал из народа священников, хотя служить Господу должны были только потомки Левия. Так же поступали и следующие цари Израиля, а царь Ахав и его жена Иезавель стали служить Ваалу и поклоняться ему. Для этого в Самарии было устроено капище. Тогда к Ахаву пришел великий пророк Илия и сказал ему, что Господь, разгневавшись, насылает на Израиль засуху. «Не будет ни росы, ни дождя, пока я не скажу», — добавил Илия.

И вот началась великая засуха. Господь приказал Илии пойти в укромное место и повелел во́ронам приносить ему хлеб и мясо. Воду Илия пил из протекавшего там ручья. Когда же из-за отсутствия дождей ручей высох, Господь сказал Илии, чтобы он шел в Сарепту Сидонскую.

Пророк Илия у сарептской вдовы

3 Цар 17:10-22

Там, в Сарепте, Илия встретил вдову и попросил ее принести ему еды и питья. Женщина ответила, что у нее осталась последняя горсть муки и немного масла. «Пойду, приготовлю остатки для себя и для моего сына, съедим последнее, а потом умрем», — ска-

зала она. Илия ответил ей: «Не бойся, пойди, сделай для меня небольшую лепешку, а для себя и своего сына сделаешь после. Ибо так говорит Господь, Бог Израилев: мука в кадке не кончится и масло в кувшине не убудет до того дня, когда Господь даст на землю дождь». И действительно, Илия прожил много дней в доме вдовы, и все это время там не истощались запасы пищи.

Однажды случилась беда: ребенок вдовы заболел и вскоре умер. Тогда Илия перенес его на свою постель и воззвал к Господу: «Неужели Ты и вдове, у которой я живу, сделаешь зло, заберешь у нее сына? Господи, Боже мой! Пусть жизнь мальчика вернется к нему!» Господь услышал молитву Илии, и мальчик ожил.

Илия и пророки Ваала

3 Цар 18:1-2, 16-46

Прошло более двух лет с тех пор, как Илия объявил царю Ахаву Господню волю. Вся страна страдала от голода, потому что небывалая засуха была послана Богом на Израиль за то, что царь и многие его подданные поклонялись Ваалу.

Однажды Господь явился
Илии и повелел ему идти к Ахаву.
Илия отправился к царю. Когда
Ахав увидел пророка, он вскричал: «Это ты насылаешь беды на
Израиль?!» Илия ответил: «Не я
виноват в бедах Израиля, а ты и
дом твоего отца, потому что вы забыли повеления Господа и покло-
няетесь Ваалу». И он предложил

Ахаву собрать израильский народ и пригласить жрецов Ваала. Обратившись к народу, пророк сказал: «Долго ли вы будете хромать на обе ноги? Если Господь есть истинный Бог, то слушайтесь Его; а если бог — Ваал, то его слушайтесь». Израильтяне на это ничего не отвечали. Тогда Илия продолжал: «Я один остался пророк Господень, а пророков Ваала четыреста пятьдесят человек. Пусть нам дадут двух быков, и пусть они выберут себе одного, разрубят его и положат на дрова, но огня не зажигают; а я приготовлю другого быка и положу его на дрова, и тоже не зажгу огня. И призовите имя вашего бога, а я призову имя Господа, Бога моего. Тот бог, который пошлет огня на дрова, и есть истинный Бог». Все собравшиеся согласились провести такое испытание.

Все было сделано так, как предложил Илия. С утра жрецы принялись призывать Ваала.

«Кричите громче! — смеялся над ними Илия. — Может быть, он задумался и не слышит вас? Или у него есть другие дела? А может быть, он заснул — так разбуди́те его!» До самого вечера жрецы Ваала призывали свое божество, кричали, скакали и даже кололи себя ножами, но так и не дождались никакого ответа.

Наступил черед Илии. Илия сделал жертвенник, поставив в его основание двенадцать камней по числу племен Израилевых, а вокруг выкопал ров. Затем он положил на жертвенник подготовленную жертву и приказал поливать ее водой. И жертва, и дрова пропитались водой, заполнился и ров. Когда все было готово, Илия воззвал к Господу — и вдруг с неба сошел огонь и поглотил и жертву, и дрова, и камни, и пыль, и воду, которая была во рву.

Израильтяне, убедившись в Божьем могуществе, схватили жрецов Ваала и убили их. А Илия сказал Ахаву: «Ступай спокойно, я слышу шум дождя». На небе же не было ни облачка. Но вскоре небо сделалось мрачно от туч, подул сильный ветер, и начался долгожданный дождь.

Веяние тихого ветра

3 Цар 19:1-12, 15-16

Узнав, что все жрецы Ваала истреблены, царица Иезавель, жена Ахава, поклялась расправиться с Илией. Он вынужден был бежать от ее гнева. И был он в таком отчаянии, что пришел в пустыню и стал просить Господа о смерти. Но Господь дважды посылал Своего ангела, чтобы накормить и ободрить Илию.

Сорок дней и сорок ночей Илия шел к горе Хорив, куда повелел ему Господь. И обратился Господь к Илии: «Выйди и стой на горе́ пред лицом Господним. Господь пройдет, и налетит большой и сильный ветер, раскалывающий горы и разрушающий скалы; но не в ветре Господь. После ветра будет землетрясение, но не в землетрясении Господь. После землетрясения вспыхнет огонь; но не в огне Господь. После огня ты различишь веяние тихого ветра».

Явился Господь Илии в веянии тихого ветра и повелел ему помазать на царство в Сирии Азаила, на царство в Израиле — Ииуя, а Елисея посвятить в пророки.

173

Илия передает пророческий дар Елисею

4 Цар 2:1-15, 19-22

Илия исполнил все, что ему повелел Господь. Прошло время, и вот Господь захотел взять Илию на небо. Он повелел ему отправляться в город Вефиль. Илия собрался в путь, а Елисею велел оставаться. Но Елисей упросил взять его с собой. Когда они при-

шли в Вефиль, Илия сказал, что Господь повелел ему идти в Иерихон, и снова предложил Елисею остаться. Но тот вновь отказался. В Иерихоне Елисей опять не захотел покинуть Илию. Так вдвоем они пришли к реке Иордан. Илия ударил по воде, она расступилась, и они посуху перешли на другой берег. Илия сказал: «Проси у

меня, чего хочешь, прежде чем я покину тебя». Елисей ответил ему: «Пусть у меня будет вдвое больше пророческого дара, чем у тебя». «Ты просишь о нелегкой доле, — сказал Илия. — Но если увидишь, как я покину тебя, то твое желание исполнится; а если не увидишь — не исполнится».

Вдруг в небе появилась огненная колесница, в которую были впряжены огненные кони, и Илия в вихре понесся на небо. Елисей это видел. Он подошел к Иордану, ударил по воде, и вода расступилась.

Жители Иерихона увидели это и поняли, что на Елисея сошел Дух Божий. Они пожаловались ему, что в городе плохая вода, и из-за этого земля, лежащая вокруг, бесплодна. Елисей попросил, чтобы ему дали новую чашу, и положил в нее соли; потом вышел к источнику, бросил туда соль и сказал: «Так говорит Господь: Я очистил эту воду, больше от нее не будет ни смерти, ни бесплодия». Так и стало.

Пророк Елисей

4 Цар 4:1-7, 38-44

Пророк Елисей был человеком добрым и отзывчивым, когда речь шла о несчастьях людей, обращавшихся к нему за помощью. Но он был беспощаден к тем, кто нарушал Господни заповеди.

Однажды к Елисею пришла женщина, у которой недавно умер муж, и рассказала, что обоих ее сыновей должны забрать в рабство за долги. Елисей узнал, что в ее доме нет ничего, кроме кувшина с маслом. Тогда он

сказал ей, чтобы она набрала у соседей побольше пустых сосудов, а затем наполнила их маслом из того кувшина, который стоял у нее дома. И действительно, из одного кувшина наполнилось множество сосудов. И только когда не стало больше места, масло в кувшине закончилось. Продав масло, вдова расплатилась с долгами, и ее дети остались свободными.

Однажды, придя в землю, где свирепствовал голод, Елисей приказал поставить большой котел и сварить похлебку. Один человек бросил туда плоды дикого растения, не зная, что они ядовиты. Когда похлебка сварилась, никто не смог ее есть. Но Елисей бросил в котел немного муки — и похлебка стала съедобной. Вскоре кто-то принес ему несколько хлебцев и сырые зерна в шелухе. Елисей приказал своему слуге, чтобы он накормил голодных. Слуга удивился — ведь еды было слишком мало, чтобы накормить сто человек, — но Елисей сказал: «Так говорит Господь: все насытятся, и еще останется». Так и стало.

Елисей и сонамитянка

4 Цар 4:8-37

Когда Елисей бывал в Сонаме, одна богатая горожанка непременно просила его останавливаться у нее. Она кормила Елисея и даже отвела ему комнату, которая всегда была для него наготове. Однажды, гостя у нее в доме, Елисей спросил: «Ты так заботишься обо мне; что мне для тебя сделать?» Женщина ответила, что ни в чем не нуждается. Но слуга Елисея сказал ему, что у сонамитянки нет детей. Тогда Елисей позвал женщину и предсказал ей, что через год у нее родится ребенок. Та не поверила, потому что она и ее муж были уже немолоды. «Нет, господин мой, человек Божий, не обманывай меня!» — воскликнула она. Однако слово Елисея сбылось, и через год женщина родила сына.

Прошло несколько лет. Но вдруг случилась беда: сын сонамитянки заболел и вскоре умер. Женщина положила его на постель в комнате, отведенной Елисею, а сама отправилась к нему. Найдя Елисея, она стала горько упрекать его: «Разве я просила у тебя сына? Разве я не говорила: не обманывай меня?»

Тогда Елисей понял, что с ребенком случилось несчастье. Он послал своего слугу в дом сонамитянки, сказав: «Если встретишь кого, не приветствуй его, а если кто будет приветствовать тебя, не отвечай ему. И положи мой посох на лицо ребенка». А сам отправился следом. Когда он пришел в Сонам, слуга сказал

ему, что он сделал все так, как ему было велено, но ничего не произошло. Тогда Елисей сам вошел в комнату и стал молиться Господу. Затем он лег над умершим ребенком и стал согревать его своим телом. Тут мальчик чихнул и открыл глаза. Радость матери была беспредельна: ее сын был спасен.

Исцеление Неемана

4 Цар 5

У сирийского царя был военачальник по имени Нееман. Он был прекрасный воин и уважаемый человек. Но, к несчастью, он заболел ужасной болезнью — проказой. Как-то раз маленькая девочка — служанка жены Неемана, привезенная из Израиля, — рассказала, что в ее стране есть пророк, который смог бы его исцелить. Нееман узнал об этом и попросил сирийского царя отпустить его в Израиль, чтобы там он вылечился от проказы. Царь согласился и написал письмо израильскому царю с просьбой исцелить Неемана.

Когда Нееман привез это письмо, царь Израиля разорвал свои одежды и воскликнул: «Разве я Бог, что он посылает ко мне, чтобы я снял с человека проказу? Видно, он ищет предлога поссориться со мной!» Услышав об этом, Елисей послал сказать царю: «Для чего ты разодрал свои одежды? Пусть он придет ко мне и узнает, что есть пророк в Израиле».

Когда Нееман приехал к Елисею, тот послал слугу сказать сирийцу, чтобы он семь раз омылся в водах Иордана: «Тогда ты очистишься от проказы и будешь здоров». Нееман разгневался: «Я думал, что он выйдет, встанет, призовет имя Господа, Бога своего, и своей рукой снимет проказу. Разве Авана и Фарфар, дамасские реки,

не чище всех израильских вод? Разве я не мог омыться в них и исцелиться?» Слуги Неемана стали уговаривать его последовать совету Елисея — ведь это совсем не сложно. Нееман нехотя согласился и отправился к Иордану. Но когда он омылся семь раз в реке, то увидел, что полностью излечился.

Нееман вернулся к Елисею и сказал ему: «Теперь я понял, что на всей земле нет Бога, кроме Бога Израиля». Он хотел вручить Елисею богатые дары, но тот отказался. Тогда Нееман попросил у Елисея разрешения взять с собой немного израильской земли и пообещал, что отныне не будет приносить жертв и молиться другим богам, а только Господу,

Богу Израиля. Елисей отпустил Неемана, сказав: «Иди с миром».

Но жадный слуга Елисея побежал за сирийцем и сказал ему, что его господин передумал и просит в уплату меру серебра и две перемены одежд. Нееман обрадовался, что может хоть чем-нибудь отблагодарить Елисея за чудесное исцеление, и стал уговаривать слугу взять две меры серебра вместо одной. Тот, разумеется, согласился. Но, когда он вернулся домой, Елисей разгневался на него за ослушание и неуемную жадность и сказал: «Пусть же проказа Неемана пристанет к тебе и твоим потомкам навек!» И тотчас же проказа поразила слугу.

181

Ослепшие сирийцы

4 Цар 6:8-23

Сирийский царь пошел войной против Израиля, но ему никак не удавалось застать противника врасплох. Казалось, что израильтяне знают все о передвижениях его войск. Царь заподозрил измену. Он решил, что кто-то извещает израильтян обо всех планах Сирии. Но один из слуг сказал ему: «В Израиле есть пророк Елисей. Он может услышать даже то, что говорится у тебя в спальне, и пересказать своему царю». Тогда сирийский царь решил захватить Елисея.

Узнав, где он находится, сирийцы выступили в поход и окружили этот город. Но Елисей помолился Господу, и по слову пророка сирийцы были поражены слепотой. Елисей же вышел к ним и сказал: «Идите за мной! Я провожу вас к тому человеку, которого вы ищете», — а сам привел их в израильскую столицу Самарию. Здесь он снова воззвал к Господу, чтобы Он вернул сирийцам зрение. Сирийцы прозрели, увидели, что находятся в окружении израильских войск, и испугались. А царь Израиля спросил Елисея, не позволит ли он перебить врагов? Но Елисей ответил царю: «Разве ты пленил их своим оружием, чтобы убивать? Предложи им хлеба и воды, пусть едят и пьют, а потом вернутся к своему государю».

Осада Самарии

4 Цар 6:24-25, 31-33; 7

И все же Сирия начала одолевать Израиль. Сирийскому войску даже удалось взять в осаду израильскую столицу. В Самарии начался ужасный голод. Царь Израиля был в отчаянии и винил во всем Елисея, который, как ему казалось, не хочет спасти страну от врага. Он поклялся, что немедленно обезглавит пророка, и послал к нему одного из своих приближенных. Но когда тот пришел к Елисею, пророк сказал ему: «Послушай, что говорит Господь: завтра голод кончится, а лучшая мука и другие продукты будут дешево продаваться у самых ворот Самарии». Царский сановник не поверил в это предсказание. Тогда Елисей сказал ему: «Ты увидишь это своими глазами, но есть не будешь».

Между тем, Господь устроил так, что сирийцы, осаждавшие Самарию, вдруг услышали стук колесниц, ржание коней и шум,

183

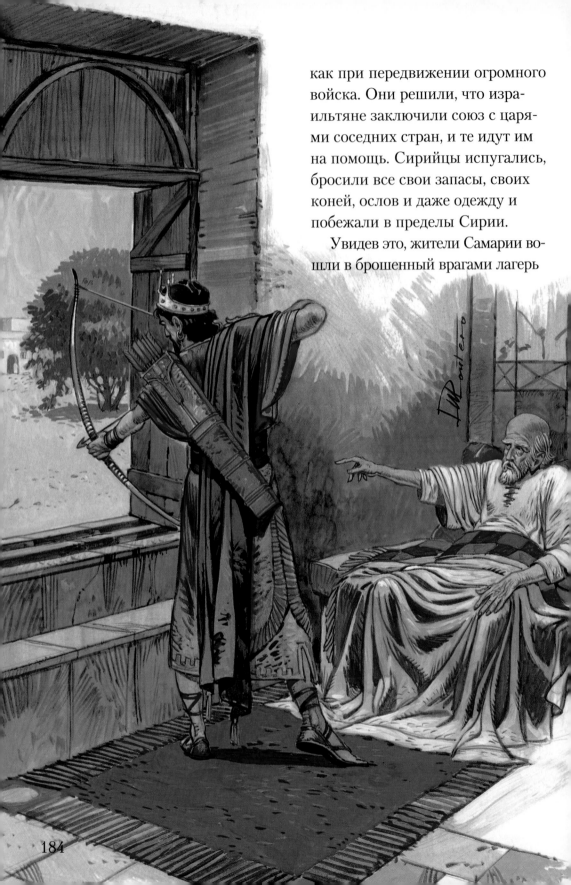

как при передвижении огромного войска. Они решили, что израильтяне заключили союз с царями соседних стран, и те идут им на помощь. Сирийцы испугались, бросили все свои запасы, своих коней, ослов и даже одежду и побежали в пределы Сирии.

Увидев это, жители Самарии вошли в брошенный врагами лагерь

и обнаружили там большой запас еды. Вчерашний голод сменился изобилием. Пища продавалась очень дешево, потому что ее было много. А того царского сановника, что приходил к Елисею, народ затоптал в воротах Самарии. Так исполнилось пророчество: он увидел наступившее изобилие, но есть ему не пришлось.

Смерть Елисея

4 Цар 13:14-20

Когда Елисею настало время умереть и он заболел смертельной болезнью, к нему пришел израильский царь. Елисей велел ему взять лук и вложить в него стрелу. Затем пророк накрыл слабеющими руками руки царя и приказал ему выпустить стрелу. «Это стрела избавления», — сказал Елисей и предрек царю победу над сирийцами. Потом пророк велел царю взять стрелы и бить ими по земле. Царь ударил три раза и остановился. Елисей разгневался: «Если бы ты ударил пять или шесть раз, то разгромил бы Сирию. А теперь ты лишь трижды победишь ее».

Вскоре Елисей умер, и долгое время не было в стране пророка, равного ему.

Как была найдена книга Завета

4 Цар 21:1-9; 22:1-23:26;
2 Пар 33:1-10; 34:1-35:19

Шло время. Много царей сменилось и в Израиле, и в Иудее. Были среди них благочестивые, которые вели народ путями Господа; но многие служили чужим богам и отрекались от Завета, заключенного Господом с Авраамом и его потомками. Одним из таких нечестивых царей был Манассия, царь Иудейский. Он подражал обычаям народов, которых Господь изгнал, чтобы поселить на их землях израильтян. Он призвал гадателей и ворожей, волшебников и вызывателей мертвецов, устроил алтари для поклонения иноземным идолам, поставил жертвенники Ваалу и другим божествам. Даже в самом Храме Господнем он соорудил жертвенник и поставил истукан богини Астарты. И во все свое правление он не обращался к Господу, не следовал Его воле.

Его внук Иосия, став царем, вспомнил о Боге и начал поправлять стены Храма, к тому времени обветшавшие. Тогда-то в Храме была найдена книга законов, данная Господом Моисею.

Когда Иосия услышал слова Закона, то ужаснулся, поняв, как велик гнев Господа на народ и его правителей, которые не соблюдали Завета. Призвав в Храм весь народ, царь прочитал вслух найденную в Доме Господнем книгу Завета. Потом он встал на возвышенное место и пообещал перед лицом Господним соблюдать Его заповеди, и Его законы, и Его уставы от всего сердца и от всей души. И весь народ вновь вступил в союз с Господом.

И повелел Иосия вынести вон из Храма и сжечь все вещи, сделанные для других божеств. Алтари, устроенные для служения идолам, были разрушены; жрецы и гадатели, волшебники и вызыватели мертвых изгнаны. Отправился Иосия и в Израиль-

ское царство, и там тоже истребил все признаки идолопоклонства.

Вернувшись в Иерусалим, он вновь собрал народ в Храме, и по его приказу была совершена Пасха. Сорок тысяч мелкого скота и четыреста волов было принесено в жертву Господу.

Впервые со времен пророка Самуила праздник был совершен по всем правилам. Семь дней иудеи и израильтяне праздновали Пасху.

Но гнев Господа за все оскорбления, нанесенные нечестивыми царями, был силен.

Падение Израильского и Иудейского царств

Ос 7:13, 15; 8:1-3, 7, 14; 11:1-2; 13:9;
4 Цар 17; 25; 2 Пар 36:6-21; Ам 9:14-15

Много раз Господь через пророков предупреждал Израиль и Иудею: «Горе им, что они удалились от Меня; гибель им, что они отпали от Меня! Я спасал их, а они роптали на Меня, и не обращались ко Мне своим сердцем; Я вразумлял и укреплял их, а они оскорбляли Меня. За то, что они нарушали Мой Завет и преступали Мой закон, их постигнут многие беды. Тогда они будут взывать ко Мне: „Боже! Мы вспомнили Тебя, мы — Твой народ!" Отверг Израиль доброе; враг будет преследовать его.

Сеяли ветер — пожнут бурю; хлеба у них не будет, зерно не даст муки́, а если и даст, то она достанется врагам. Забыл Израиль своего Создателя и устроил капище, и настроил много укрепленных городов; но Я пошлю огонь и разрушу их. Когда Изра-

иль был юн, Я любил его и из Египта вызволил сына Моего. Но сыны Израиля приносили жертвы Ваалу и поклонялись истуканам. Погубил ты себя, Израиль, ибо только во Мне — твоя опора».

Но Израиль и Иудея продолжали забывать Господа и нарушать заключенный с Ним Завет. И вот Господь предал народ ассирийцам, а затем — сменившим их вавилонянам. Жестокие завоеватели истребили множество людей, а остальных переселили в свою империю. Земли Израиля и Иудеи были заселены пришельцами из Ассирии и выходцами из иных народов. Вавилонский же царь Навуходоносор приказал разрушить стены Иерусалима и сжечь все большие дома, стоявшие в городе. Был разграблен и сожжен Храм Господень. Все ценности, золото и серебро, храмовая утварь, — все было увезено в Вавилон. Так были наказаны народы Израиля и Иудеи за пренебрежение Заветом Господа; за то, что стали поклоняться чужим богам; за то, что поставили статуи Ваалов и Астарт на всяком высоком холме

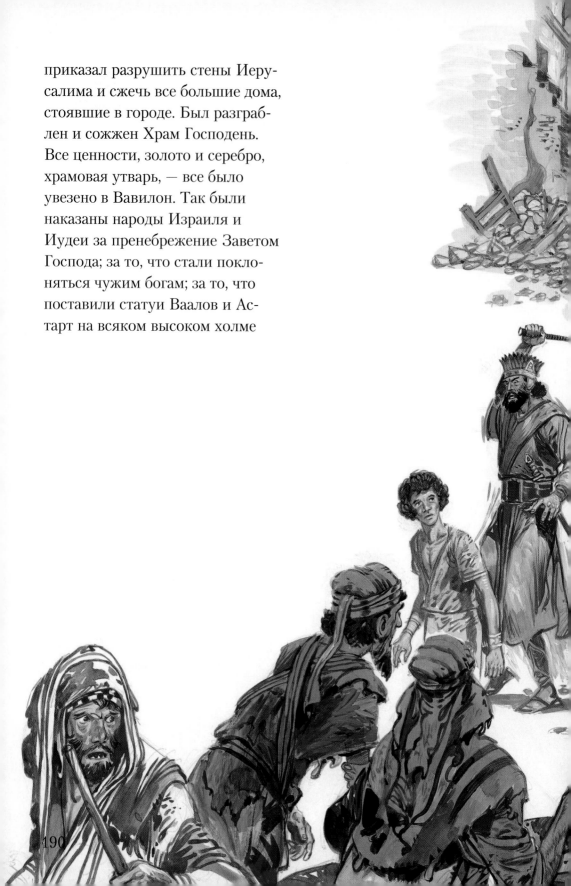

и под всяким тенистым деревом и служили этим идолам; за то, что не выполняли заповедей Господа.

Но в великой Своей милости Господь обещал, что если народ отойдет от путей неправды и будет соблюдать Завет, заключенный с Ним, — он будет прощен. Так сказал Господь через пророков: «Возвращу из плена народ Мой, и застроят опустевшие города и поселятся в них, насадят виноградники и будут пить вино из них, разведут сады и станут есть плоды из них. И верну их на их землю, и больше они не будут изгнаны из своей земли, которую Я дал им».

Четверо пленных юношей

Дан 1:1-7, 17

Завоевав Иерусалим, вавилонский царь Навуходоносор приказал выбрать из пленных самых умных, красивых и талантливых юношей. Он велел три года учить их языку и разным наукам, а после взять их на службу при царском дворе.

Среди тех, кого выбрали царские слуги, были и четверо иудейских юношей: Даниил, Анания, Мисаил и Азария. При дворе Навуходоносора им дали другие имена: Валтасар, Седрах, Мисах и Авденаго. Этим юношам Бог даровал много мудрости и разных способностей, а Даниил умел даже толковать сны. Поэтому многие при дворе любили их, но некоторые завидовали.

194

Даниил избегает осквернения

Дан 1:8-16

Царь Навуходоносор велел кормить всех еврейских юношей, которых выбрали для службы при дворе, теми кушаньями, которые ел он сам. Но Даниил не хотел есть мяса и пить вина с царского стола, потому что евреям это было запрещено Законом. И он попросил начальника царских телохранителей: «Не корми нас четверых мясом и вином, а давай нам только овощи и воду». Тот испугался: «Если вы исхудаете от такой пищи, то царь разгневается на меня!» «Давай сделаем вот что, — предложил тогда Даниил. — Ты будешь кормить нас так, как я попросил, а через десять дней сравнишь нас с теми, кто ест царскую еду». Начальник согласился. И вот, когда прошло десять дней, он увидел, что Даниил, Азария, Мисаил и Анания стали красивей лицом и полнее телом, чем другие юноши. С тех пор они питались одними овощами без всякого вреда для себя.

Сон царя

Дан 2

Однажды царю Навуходоносору приснился странный сон. Царь никак не мог понять, что он означает, и даже лишился покоя от тревоги. Тогда он созвал всех вавилонских мудрецов: предсказателей, заклинателей, колдунов и звездочетов — чтобы они истолковали его видение. «Я решил так, — сказал он им. — Вы должны не только истолковать сон, который я видел, но и угадать, что именно мне приснилось. За это я по-царски отблагодарю вас. Но если вы этого не сможете, то я велю вас казнить, а ваши дома разрушить до основания». «Великий царь, — отвечали они, — нет в мире человека, который может это сделать! Ни один царь, как бы велик и могущественен он ни был, никогда не требовал от предсказателей, заклинателей или звездочетов ничего подобного. Ни один человек не может знать, что тебе привиделось во сне. Только боги знают это, но они не живут среди нас, смертных людей».

Рассердился царь и приказал убить всех мудрецов Вавилона.

Услышав царский приказ, слуги бросились искать и Даниила с его друзьями, чтобы убить их: ведь они были знамениты своими знаниями и мудростью. Но Даниил, узнав, в какую беду они попали, сам отправился к начальнику царских телохранителей и спросил его: «Что случилось? Почему царь отдал такой жестокий приказ?» Тот рассказал ему обо всем. Тогда Даниил пошел к царю: «Великий царь! — взмолился он. — Дай мне одну только ночь, и я истолкую тебе твой сон». Царь поверил юноше и согласился. Тогда Даниил отправился домой и рассказал своим друзьям о том, что случилось. «Молите Бога Небесного, чтобы Он сжалился над нами. Просите, чтобы Он раскрыл нам то, что скрыто. Иначе мы погибнем вместе с мудрецами Вавилона».

И вот, в ту же ночь Даниилу приснился сон. И он узнал то, что было скрыто для всех других.

Проснувшись, Даниил тотчас пошел к начальнику телохранителей: «Скажи царю, что я могу растолковать его сон». Тот привел его к Навуходоносору: «Я нашел среди иудеев одного, который может растолковать твой сон. Он стоит перед тобой: это Даниил, который у нас зовется Валтасаром».

Царь спросил Даниила: «Можешь ли ты рассказать мне, что я видел во сне, и объяснить, что это

значит?» «То, о чем ты спрашиваешь, — ответил Даниил, — не может рассказать тебе ни один мудрец, ни заклинатель, ни прорицатель, ни звездочет. Но на небесах есть Бог, открывающий тайны. Я расскажу тебе твой сон — все, что ты видел.

Царь, ты лежал на своем ложе и думал о будущем. И Бог открыл тебе будущее. Я не мудрее прочих людей, но Богу угодно, чтобы я

истолковал тебе сон и чтобы ты понял то, что ты видел.

Во сне ты видел огромную сияющую статую исполина. Вид ее был устрашающим. Голова исполина была из чистого золота, грудь и руки — из серебра, живот и бедра — из бронзы, ноги — из железа. Но ступни его ног были из железа, перемешанного с глиной.

Вдруг от горы оторвался камень и ударил в ноги исполина. Они разбились, и тогда рухнула и разбилась вся статуя: железо и глина, бронза, серебро и золото — все превратилось в пыль. От исполина не осталось и следа.

А камень, который разбил статую, стал вдруг расти и превратился в гору, а та гора покрыла всю землю.

А теперь я разъясню тебе этот сон. Ты — самый великий из царей. Небесный Бог сделал тебя могущественным и знаменитым. Ты правишь людьми, где бы они ни жили. Золотая голова — это ты!

Но после тебя придет другое царство, слабее твоего, а потом — третье, бронзовое, но и оно будет править всем миром.
И наконец придет четвертое царство, прочное, как железо.

Как железо способно все крушить, так это царство будет подавлять все прочие.

Ты видел, что ступни статуи были частью из железа, а частью из глины. Это означает, что царство разделится на два, и часть его будет крепка, как железо, а часть — слаба, как глина. Смесь железа и глины означает, что эти два царства объединятся, а свяжет их брак между царскими семьями. Но железо не соединяется с глиной, поэтому и царства не сольются в одно.

Когда же придет время, Бог Небесный создаст новое царство. Это царство не будет разрушено и покорено другим народом. Все земные царства падут, а это будет стоять вечно. Оно и было тем камнем, который сам собой отделился от горы. И он разрушил железо и бронзу, глину, серебро и золото.

Так Бог дал тебе знать будущее. То, что тебе приснилось — правда. И моему толкованию ты можешь верить».

Тогда могущественный царь Навуходоносор низко поклонился Даниилу и сказал: «Теперь я знаю, что ваш Бог — самый великий, и что ваш Господь — выше всех царей. Он открывает тайны, и потому ты смог истолковать мой сон».

После этого царь возвысил Даниила, дал ему много дорогих подарков и хотел назначить его наместником надо всем Вавилоном и начальником над всеми мудрецами. Но тот отказался: «Пусть три моих друга управляют делами страны, а мне позволь остаться при твоем дворе».

Три юноши в печи

Дан 3:1-30

Однажды царь Навуходоносор сделал золотого истукана и поставил его в Вавилоне на поле Деир. Затем он приказал трубить во все трубы и играть на всех музыкальных инструментах, а весь народ и все приближенные царя, заслышав звуки труб, должны были пасть на землю и поклониться истукану. А кто не поклонится — того должны были сжечь в печи.

В назначенный час, когда заиграли трубы, все поклонились истукану, кроме иудеев. Ведь они помнили Божью заповедь, что ложным богам поклоняться нельзя. Но люди, завидовавшие юношам, которых, несмотря на их молодость, поставили управлять страной, решили воспользоваться этим и донести на них. «Эти иудеи, которых ты поставил управлять делами страны: Седрах, Мисах и Авденаго — не повинуются твоему повелению, богам твоим не служат и золотому истукану, которого ты поставил, не поклоняются», — сказали они царю.

Тогда Навуходоносор во гневе и ярости приказал допросить юношей. Но те смело отвечали: «Да будет тебе известно, царь, что мы твоим богам служить не будем и золотому истукану не поклонимся. Наш Бог, Которому мы служим, силен спасти нас и от раскаленной печи, и от твоего гнева».

Навуходоносор разъярился еще больше; он приказал разжечь печь в семь раз сильнее, чем обычно, и бросить туда юношей. Воины тут же связали их и бросили в самое пекло. Но из-за того,

201

что печь была чрезмерно раскалена, пламя вырвалось из нее и попалило их самих.

А Седрах, Мисах и Авденаго, связанные, упали в раскаленную печь. Но случилось чудо: они не сгорели! Бог послал к ним Своего ангела, чтобы тот оберегал их от огня. И юноши ходили посреди пламени живые и невредимые, воспевая Бога и благодаря Господа.

Увидев это, Навуходоносор в изумлении воскликнул: «Не троих ли юношей мы бросили связанными в огонь? А я вижу четверых, и не связанных, ходящих посреди огня! И четвертый похож на Божьего ангела!»

И он закричал: «Седрах, Мисах и Авденаго, рабы Всевышнего Бога! Выйдите из огня!»

Юноши выпрыгнули из печи — и все увидели, что ни один волос на их головах не опален огнем.

Тогда Навуходоносор сказал: «Благословен ваш Бог, Который послал Своего ангела и избавил вас от смерти».

После этого вавилонский царь возвысил трех иудейских юношей еще больше.

Даниил в яме со львами

Дан 6

Прошло время. В Вавилоне стал царем Дарий Мидянин. Он назначил сто двадцать наместников во все области своего царства. Наместники подчинялись трем вельможам, которым должны были докладывать обо всем, что они делали.

Одним из трех вельмож был Даниил. Он был лучше и двух других, и всех наместников вместе взятых. Царь подумывал даже, не поставить ли его во главе всего царства. Завистливые вельможи и наместники пытались отыскать какой-нибудь просчет в делах Даниила, чтобы обвинить его перед царем, но никакой погрешности найти не могли. Тогда они сказали друг другу: «В делах Даниила мы не можем найти изъяна. Но нельзя ли отыскать что-нибудь в Законе Бога, Которому он служит?»

И вот они придумали издать такой закон, по которому в течение тридцати дней нельзя было обращаться ни с какой мольбой или просьбой ни к кому, кроме царя. А того, кто ослушается,

надлежало бросить в яму со львами. Царю понравилась эта мысль, и он подписал указ.

Когда Даниил услышал о новом законе, он тотчас пошел к себе домой. В верхней комнате его дома всегда были открыты окна, выходящие в сторону Иерусалима. Там он молился трижды в день. И теперь он стал на колени, чтобы почтить своего Бога. Те же, кто хотел его обвинить, подсмотрели и увидели, как Даниил горячо молится своему Богу.

Они пошли к царю и сказали: «Разве ты не объявил, что эти тридцать дней все должны обращаться только к тебе и никому другому, будь то бог или человек? А того, кто преступит этот закон, бросят в яму ко львам?»

Царь ответил: «Да, я так сказал. Это закон для всех, закон, который нельзя изменить».

Тут вельможи закричали: «А вот Даниил, один из иудеев, не обращает внимания на твои слова! Он нарушает твой закон! Трижды в день он становится на колени, чтобы помолиться своему Богу».

Когда царь услышал это, он опечалился. Ему хотелось спасти Даниила. Весь день до захода солнца он думал, как отвести от него наказание. Но вельможи не оставляли царя в покое. Они твердили: «Закон в твоей стране нельзя изменить, это закон для всей Мидии и Персии».

И царю пришлось отдать приказ, чтобы Даниила бросили в ров ко львам. Даниилу же он сказал: «Я надеюсь, что Бог, Которому ты так верно служишь, спасет тебя».

И вот Даниила бросили в ров, а сверху яму закрыли большим

камнем, чтобы пленник не мог
убежать. Царь опечатал камень
своей печатью и печатями своих
министров и ушел во дворец.

В этот вечер он отказался от
ужина и всю ночь не мог заснуть.
Рано утром, когда стало светать,
царь встал и тотчас отправился
ко рву.

В страхе и печали, он крикнул:
«Даниил! Смог ли Бог, Которому
ты так верно служишь, спасти
тебя?»

«Царь, — отозвался из ямы Даниил, — долгие тебе лета! Мой Бог послал ангела, и он закрыл львам пасти. Они меня не тронули. Богу известно, что я чист перед Ним. И перед тобой, царь, я ни в чем не провинился».

Обрадованный царь велел вытащить Даниила из ямы. И все увидели, что он цел и невредим.

Тогда царь повелел схватить тех, кто обвинял Даниила, и бросить их самих в львиный ров. И львы тут же растерзали их.

После этого царь Дарий написал всем народам и племенам своего царства: «Я повелеваю, чтобы во всем моем царстве все почитали Бога, Которому служит Даниил. Он — Бог Живой ныне и всегда. Царство Его несокрушимо, Он правит вечно. Он спасает и освобождает. Он совершает чудеса на небе и на земле. Это Он спас Даниила от львиных клыков».

Восстановление Храма

2 Пар 36:22-23; Езд 1; 3:8-13; 4-6

Семьдесят лет продолжалось Вавилонское пленение. По истечении этого времени вавилоняне были разбиты персидскими войсками. Вавилон пал. На престоле утвердился Кир, персидский

царь. Господь повелел ему отпустить сынов Израиля. Кир не стал противиться Ему и объявил, что евреи могут вернуться в Иерусалим и восстановить Храм Божий, и распорядился отдать из сокровищниц Навуходоносора все, что было вывезено из Храма.

Отправились потомки Израиля в Иерусалим. А те, кто оставался в Вавилонской земле, собрали для Храма золото и серебро, драгоценные камни и другие дорогие вещи. Сорок две тысячи триста шестьдесят человек отправились обратно в земли, с которых были насильно уведены в Вавилон, и расселились, как прежде, в своих городах.

Вскоре израильтяне собрались в Иерусалиме и принялись строить новый Храм. Старики, еще помнившие прежний, не могли сдержать рыданий; другие громко радовались и ликовали. И трудно было различить, где восклицание радости, а где вопль плача.

Строительство продвигалось быстро. Но однажды к старейшинам, ведающим работами, явились люди из тех враждебных народов, что были поселены в этих землях вместо израильтян. Они предложили свою помощь. Но старейшины Израиля отвергли их предло-

жение. Тогда чужеземцы написали персидскому царю такое письмо:

«Да будет известно царю, что иудеи, которых ты отпустил, пришли к нам в Иерусалим, отстраивать этот мятежный и негодный город. Пусть же царь знает, что если город будет построен и стены восстановлены, то ни подати, ни налога, ни пошлины в царскую казну эти люди больше платить не станут. Пусть поищут в памятной книге твоих отцов — ты найдешь там, и узнаешь, что этот город всегда был мятежным и опасным для царей и областей, за что он и был опустошен».

Персидский царь поверил навету на Иерусалим и запретил все работы.

206

Строительство Храма Господня остановилось. Евреи принялись налаживать свою жизнь. Но Господь призвал на служение пророков Аггея и Захарию, чтобы они убеждали людей: не время довольствоваться жизнью в своих домах, когда Дом Господа стоит недостроенным. Проповеди их были такими пламенными, что в народе вспыхнуло прежнее рвение. Силен был страх перед царем, но еще сильнее было желание совершить дело, угодное Богу. Строительство вновь пошло во весь ход. А Дарий, воцарившийся на персидском престоле, вспомнил, что его предшественник Кир отпустил народ Израиля и Иудеи в их земли для восстановления Храма, и не возражал против возобновления работ.

И вот Храм был построен. Иудеи совершили освящение Дома Господа, справили Пасху и отпраздновали завершение работ.

Восстановление стен Иерусалима

Неем 1:1-2:6; 4

У персидского царя, владевшего огромной империей, было множество приближенных. Как-то он заметил на лице одного из них грусть. Царь спросил Неемию о причинах его печали. Неемия ответил: «Как же мне не печалиться, когда мой родной город в запустении и ворота его сожжены?» — и попросил царя отпустить его в Иерусалим, чтобы восстановить город. Царь согласился и назначил Неемию Иудейским областеначальником.

Придя в Иерусалим, Неемия собрал народ и начал строить городские стены. Но царские наместники, которые начальствовали над соседними землями, досадовали на израильтян. Они говорили: «Что делают эти жалкие иудеи? Неужели им это позволят? Неужели они оживят камни из груд праха?»

Стены восстанавливались, повреждения заделывались, и тогда враги решили пойти на Иерусалим и разрушить его. Но Неемия создал специальные отряды, которые защищали работающих. Да и те, кто строил стену, в одной руке держали копье. Каждый из них был вооружен мечом. Сопротивление было таким сильным, что враги отступили. Так была построена стена вокруг Иерусалима.

Чтение Закона

Неем 8-9

Когда работа была закончена, весь народ собрался слушать Закон и славить Господа.

Много дней подряд поднимался на деревянное возвышение священник Ездра, чтобы читать и толковать книгу Закона Божьего. Когда же чтение завершилось, встали потомки Левия и произнесли вдохновенную молитву: «Ты Господь единый, Ты создал небо, и землю, и все, что на ней, моря и все, что в них. Ты, Господи, избрал Аврама, и вывел его из Ура Халдейского, и дал ему имя Авраам, и заключил с ним Завет, чтобы дать его потомкам эту землю. Ты увидел бедствие наших отцов в Египте и услышал их вопль у Красного моря. Ты явил знамения и чудеса перед фараоном и перед всем народом его земли. Ты рассек пред нашими отцами море, и они среди моря прошли посуху, а гнавшихся за ними Ты поверг в глубины, как камень. В столпе облачном Ты вел их днем, и в столпе огненном — ночью, освещая им путь. Ты сошел на гору Синай и говорил с ними с неба, и дал им верные законы и добрые заповеди. Ты давал им хлеб с неба и воду из камня. Но они упорствовали и не слушали Твоих заповедей. И Ты отдал их в руки врагов, которые теснили их. Но когда они взывали к Тебе, Ты, по великому Твоему милосердию, спасал их. Ты призывал их обратиться к Твоему Закону, но они упорствовали вновь. Но Ты не истребил их и не покинул их, потому что Ты Бог добрый и милостивый. И ныне, Боже наш, Боже великий, сильный и страшный, хранящий завет и милость! Вспомни все страдание, которое постигло нас, царей наших, князей наших, и священников наших, и пророков наших, и отцов наших, и весь Твой народ от дней ассирийских царей до сего дня. Мы ныне рабы на той земле, которую Ты дал нашим отцам. И свои плоды она в изобилии приносит для царей, которым Ты покорил нас за наши грехи. И они владеют нами по своему произволу».

Так вспоминали израильские священники и весь народ великие деяния Господа, и Его милость, и Его справедливый гнев. После этого народ поклялся следовать Закону Божию, который был дан Моисею, и исполнять заповеди Господа.

Есфирь спасает свой народ

Есф 1:1-13; 2:1-7:6, 9-10; 10

От Индии до Эфиопии простиралась держава персидских царей. Велики были богатство и роскошь, окружавшие царя Артаксеркса. Никто не смел его ослушаться. И была у него красавица жена, царица Астинь. Вот как-то раз потребовал Артаксеркс, чтобы царица вышла к нему и его гостям, пировавшим во дворце. Но гордая Астинь отказалась. Артаксеркс, привыкший ко всеобщему повиновению, разгневался. Он велел прогнать царицу и послал своих приближенных, чтобы они нашли самых красивых девушек и привели их во дворец: он выберет себе новую жену.

Много красивых девушек со всех концов державы отыскали царские слуги и привели во дворец. Целый год их держали во дворцовых покоях, купали в ароматном масле, растирали

благовониями и окружали всякой роскошью. Когда же настало время, их привели к царю. Но из всех красавиц больше всего ему понравилась иудейка Есфирь, воспитанница Мардохея. Мардохей был переселен из Иерусалима вместе с другими иудеями, а Есфирь была его родственницей, которую он удочерил после смерти ее родителей.

И вот Есфирь стала женой Артаксеркса, персидской царицей. Мардохей часто навещал ее. Однажды, сидя у царских ворот, он услышал, как двое придворных сговаривались, замышляя убить Артаксеркса. Мардохей рассказал о заговоре Есфири, а та передала царю. Дело было раскрыто, виновные наказаны, а поступок Мардохея занесен в книгу ежедневных записей.

Главным князем и советником Артаксеркса был Аман. Высоко вознес царь своего любимца. Когда люди встречали его, то должны были кланяться и падать перед ним ниц — так повелел царь. Мардохей же не кланялся Аману. И задумал Аман убить Мардохея и истребить весь его народ — иудеев, за то что они поклонялись единому Богу, а его, Амана, чтить не желали. Пришел он как-то раз к царю и сказал: «Великий царь! В твоей державе есть один народ, который разбросан и рассеян по всему государству. Он живет по своим собственным законам, непохожим на законы других народов, и не исполняет твоих повелений. Как ты думаешь, как мы должны с ним поступить?» Артаксеркс ответил ему, чтобы он поступал так, как захочет. Аман обрадовался и приказал подготовить указ, в котором предписывалось уничтожить всех иудеев, малого и старого, мужчин и женщин, по всему персидскому царству. А сделать это надлежало в один день, и об этом дне было повсюду объявлено.

Узнав об этом, Мардохей отправился к Есфири и велел ей немедля идти к царю и умолять его отменить губительный указ. «Но все подданные Артаксеркса знают, что у царя есть такое правило: кто войдет к нему без зова, тот будет казнен. И только если царь укажет на вошедшего своим золотым жезлом, тот избежит смерти», — возразила Есфирь. «Не думай, что ты, одна из всех иудеев, спасешься в царском доме, — ответил ей Мардохей. — Если ты промолчишь, свобода и избавление придут для иудеев как-нибудь иначе, а ты погибнешь! И кто знает, не ради этого ли испытания ты и стала царицей?»

Три дня иудеи постились, ни днем, ни ночью не ели и не пили. Наконец Есфирь отправилась к царю. Царь увидел красавицу и помиловал ее: протянул свой золотой скипетр, — а потом спросил: «Чего ты хочешь? Проси, и я исполню любое твое желание». «Если тебе это угодно, — ответила Есфирь, — я бы хотела, чтобы вы, вместе с Аманом, пришли сегодня вечером на пир, который я приготовила для вас».

Вечером Артаксеркс с Аманом пришли к Есфири и ели, и пили вино. Захмелевший царь вновь сказал: «Проси у меня хоть полцарства — я исполню любое твое желание!» «Если тебе это угодно, приходите и завтра ко мне на пир. Тогда я открою свою просьбу», — ответила Есфирь. Царь согласился. Обрадовался и Аман — вот как он вознесен над князьями и царскими слугами: и богатством отличил его царь, и почестями, вот и царица зовет на свой пир лишь его из всех царских приближенных. Но при выходе из царского дворца Аман увидел Мардохея, и тот вновь не упал перед ним на землю. И Аман решил, что счастье его не полно, пока жив Мардохей. Он даже велел приготовить дерево, чтобы назавтра повесить обидчика.

Наутро Аман пришел к Артаксерксу, чтобы просить царя о казни Мардохея. А царю в ту ночь не спалось, и он читал книгу ежедневных записей, и нашел в ней рассказ о том, как Мардохей раскрыл заговор против него. Царь спросил: «Как наградили Мардохея за этот поступок?» Царские слуги ответили: «Никак». Тогда Артаксеркс велел позвать Амана и спросил его: «Как ты думаешь, что бы мне сделать человеку, которого я хочу наградить?» Аман подумал, что царь хочет оказать ему новые почести, и сказал: «Я думаю, что этого человека нужно одеть в царские одежды, возложить на него царский венец, привести царского коня, и чтобы один из первых царских князей шел перед ним и восклицал: „Вот что царь делает тому, кого хочет отличить почестью!"» Тут Артаксеркс велел Аману, чтобы он сделал все это для Мардохея. Пришлось тому, смирив ненависть, провести Мардохея в царских одеждах, на царском коне, увенчанного царским венцом, по городу, а самому возглашать: «Вот что царь делает тому, кого хочет отличить почестями!»

И снова настало время идти к царице на пир. Артаксеркс опять спросил ее: «Чего ты хочешь просить у меня?» И тогда Есфирь ответила: «Милостивый царь! Весь мой народ, а значит — и я сама, отданы на истребление, уничтожение и погибель жестоким

приказом твоего вельможи. Ведь я — еврейка! Умоляю тебя, даруй жизнь мне и моему народу!» «Кто же осмелился отдать такой приказ?!» — воскликнул царь. Есфирь гневно указала на испуганного Амана, который от страха даже поперхнулся вином. Артаксеркс сильно разгневался и приказал схватить злобного царедворца. Тут кто-то сказал царю, что Аман уже приготовил дерево, чтобы повесить на нем Мардохея. «Так повесьте на нем его самого!» — приказал царь.

Так и произошло с коварным Аманом: жестокий жребий, который он готовил для тысяч неповинных людей, обрушился на его собственную голову. А Мардохея, наставника Есфири, оказавшего царю важную услугу, Артаксеркс поставил надо всеми персидскими князьями и сделал вторым после себя человеком в государстве.

Иона пытается противиться Господу

Иона 1-2

Однажды Господь повелел пророку Ионе: «Встань, иди в город Ниневию и проповедуй там, чтобы его жители покаялись. Иначе Я погублю весь город».

Но Иона не захотел выполнять Божьего поручения и решил бежать от Господа. Он сел на корабль, направлявшийся в сторону, противоположную Ниневии.

Но Господь послал на море великую бурю, грозившую разбить корабль. Корабельщики спросили

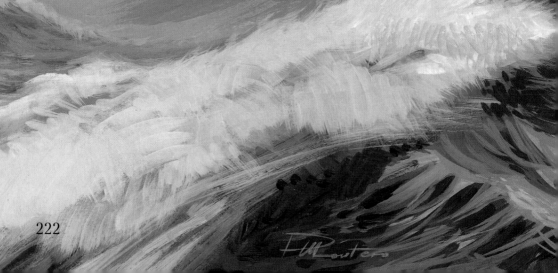

Иону, не знает ли он — из-за кого их постигла эта беда? Тогда Иона признался, что бежит от Господа Бога, сотворившего море и сушу. «Возьмите меня и бросьте в море — и буря утихнет, потому что я знаю, что она разыгралась из-за меня», — сказал он.

Корабельщики не хотели губить его, но буря все не утихала; и тогда они бросили Иону за борт — и море сразу стихло.

Но Иона не погиб: Господь повелел большой рыбе проглотить его. Иона пробыл в рыбьем брюхе три дня и три ночи и обратился к Господу Богу с молитвой. Господь услышал искреннее раскаяние Ионы и повелел рыбе выплюнуть его на сушу.

225

Урок милосердия

Иона 3-4

Вновь обратился Господь к Ионе и велел ему идти в Ниневию, чтобы предупредить жителей о Божьем гневе. Иона пошел и стал проповедовать, говоря: «Еще сорок дней — и Ниневия будет разрушена!» Жители Ниневии услышали слово Божие, обращенное к ним через Иону, испугались и раскаялись. Господь увидел это и избавил город от кары.

Но Иона рассердился, что его пророчество о гибели Ниневии не сбылось, и сказал Господу: «Лучше бы мне было умереть, чем видеть, как грешники избежали наказания!»

И сказал Господь: «Неужели это огорчило тебя так сильно?»

Иона вышел из Ниневии и сел невдалеке от городской стены, чтобы увидеть, что будет с городом. И выросло по Божьей воле высокое растение и покрыло Иону своей тенью. А на следующий день Бог устроил так, что червь подточил растение, и оно засохло. Солнце стало палить Ионе голову, так что он изнемог и вновь стал взывать к Господу: «Лучше мне умереть, чем жить».

Тогда Господь сказал ему: «Ты жалеешь о растении, над которым не трудился и которого не растил, которое в одну ночь выросло и в одну ночь пропало. Так как же Мне не пожалеть Ниневии, великого города, в котором одних лишь малых детей более ста двадцати тысяч?»

Господь испытывает Иова

Иов 1:1-2:10

Жил-был человек по имени Иов. Он был непорочным, справедливым и богобоязненным. У него было семь сыновей и три дочери. Иов был счастлив и богат.

Однажды сатана сказал Господу: «Я ходил по земле и обошел ее». Господь спросил: «Обратил ли ты внимание на раба Моего Иова?»

Отвечал Господу сатана: «Разве Иов богобоязнен даром? Ведь Ты ограждаешь и защищаешь его, и его дом, и его семью! Но протяни руку и коснись всего, что у него есть, — останется ли он верен Тебе?»

На это Господь сказал: «Делай все, что захочешь, только его самого не касайся».

Прошло немного времени, и вот пришел вестник, сообщивший, что погибли все волы и ослицы Иова. Не успел он закончить свой рассказ, как явился следующий и объявил, что нет теперь у Иова и овечьих стад. За ним пришел еще один, принесший весть о том, что потеряны верблюды. Наконец новое горестное известие, затмившее все прежние несчастья — под развалинами дома погибли все дети Иова.

Тогда Иов в знак скорби разорвал свои одежды, остриг голову, упал на землю и сказал: «Господь дал, Господь и взял; да будет Его имя благословенно!»

Вновь предстал сатана перед Господом, и Господь сказал: «Ты видишь, Иов и теперь тверд в своей непорочности, а ты возбуждал Меня против него». Отвечал сатана: «Протяни руку и коснись его тела — останется ли он верен Тебе?» И вновь Господь позволил испытать Иова.

Тогда сатана поразил Иова
проказой. Жена Иова в отчаянии
воскликнула: «Что пользы в
твоей праведности! Прокляни
Бога хоть перед смертью!» Но
Иов ответил: «Неужели радость
мы будем принимать от Бога, а
горя принимать не будем?»

Спор Иова с друзьями

Иов 2:11-42:17

Узнав о несчастьях, обрушившихся на Иова, к нему пришли трое друзей, чтобы разделить с ним скорбь и утешить его. Иов же горевал и ждал смерти.

И сказал первый из его друзей: «Разве может человек быть праведнее Бога? Если Господь покарал тебя — не отвергай Его наказания». Другой сказал Иову, что Бог справедлив и не преследует непорочного, а третий добавил, что Иову нужно раскаяться в своих грехах.

Долгим был спор Иова и его друзей. Иов утверждал, что его поступки и мысли чисты, а в ответ слышал обвинения в неправедности, потому что только грешника Бог может наказать такими тяжкими страданиями.

Иов взывал к Господу, требуя ответа: за что же Бог поразил его? Он говорил: «Всю жизнь я был послушен Ему, верно хранил Его заповеди и законы. Отчего же Господь так беспощаден?»

Тут в разговор вмешался человек по имени Елиуй, слушавший беседу Иова и трех его друзей. Он обвинил Иова в том, что тот оправдывает себя больше, чем Бога — ведь Бог велик, и мы не можем Его понять.

И вдруг Иову явился Сам Господь и стал говорить с ним. Бог поведал Иову, что именно Он Сам несет в Себе все тайны, всю тяжесть и всю боль, всю красоту и радость Вселенной. И тогда Иов осознал, как ничтожны были все его рассуждения и упреки перед делами Всевышнего, и раскаялся в своей тяжбе с Богом.

Господь принял раскаяние Иова, возвратил ему здоровье и наградил его богатством вдвое бо́льшим, чем было у него прежде. У Иова вновь родились семь сыновей и три дочери, он снова стал счастлив и умер в глубокой старости.

НОВЫЙ ЗАВЕТ

Ангел возвещает о рождении Иисуса

Лк 1:26-38

В городе Назарете, что находится в Галилее, на севере Израиля, жила девушка по имени Мария. Она была обручена с плотником Иосифом, происходившим из рода великого царя Давида.

Однажды Марии явился ангел Гавриил, посланный Богом. Он сказал ей: «Радуйся! Бог избрал тебя среди всех женщин».

Марию охватило смущение и испуг: что могли бы значить эти слова? Но ангел успокоил ее: «Не бойся, Мария! Бог благословил тебя родить Сына, Которому ты дашь имя Иисус. Он будет вечно царствовать над Израилем, и называть Его будут Сыном Божиим».

Но Мария не поняла: как же у нее родится сын, если она не замужем?

«Дух Святой сойдет на тебя, потому и назовут Сына твоего Сыном Божиим. Вот и родственница твоя Елизавета, хотя и в преклонных годах, тоже ждет ребенка. Для Бога нет ничего невозможного».

И Мария со смирением и готовностью приняла волю Божию.

Встреча Марии с Елизаветой. Рождение Иоанна Крестителя

Лк 1:5-25, 39-45, 57-64

Родственница Марии, Елизавета, жила на юге страны, в гористой Иудее. Она и ее муж, священник Захария, были праведными людьми, исполнявшими все заповеди Божии. Но хотя супруги достигли преклонного возраста, у них не было детей.

И вот однажды, когда Захария служил в Храме, ему явился ангел Божий. Захария очень испугался, но ангел сказал ему: «Не бойся, Захария. Бог услышал твои молитвы: у вас с Елиза-

ветой родится сын; имя ему будет Иоанн. Он станет величайшим из людей, и многих сынов Израилевых обратит к Богу. Ему предстоит исполнить чистотой души и помыслы людей, подготовив их к приходу Господа».

Но Захария не поверил ангелу: ведь они с Елизаветой так стары, как же у них может появиться ребёнок?

Тогда ангел сказал Захарии: «Сам Бог послал меня к тебе, а ты мне не веришь. В наказание ты будешь молчать до тех пор, пока не сбудется то, о чём я тебе сказал». И в самом деле, когда Захария вышел из Храма, он потерял дар речи и мог объясняться только жестами.

Вскоре Елизавета поняла, что станет матерью. Через шесть

месяцев ее навестила Мария. Мария вошла в дом и расцеловалась с Елизаветой — и ребенок в утробе Елизаветы радостно встрепенулся. «Господь благословил тебя и твоего Сына, Мария! — воскликнула Елизавета. — И кто я такая, что ко мне пришла мать Господа моего?!»

Мария пробыла у Елизаветы около трех месяцев и затем возвратилась домой. Елизавета же родила мальчика. Захария назвал его Иоанном, и немота его тут же исчезла.

Сон Иосифа

Мф 1:18-25

Плотник Иосиф, собиравшийся жениться на Марии, был человеком благочестивым и праведным. Узнав, что Мария уже ждет ребенка, он не захотел предавать ее позору и решил тайно расторгнуть с ней помолвку.

Но стоило ему только подумать об этом, как явился ему во сне ангел Гавриил и сказал: «Иосиф, не бойся взять в жены Марию. Дитя, которое она носит

241

в себе — от Духа Святого. Она родит Сына, и ты назовешь Его Иисусом: Он спасет Свой народ от грехов».

Иосиф поступил так, как велел ему ангел. Он вступил в брак с Марией, и она стала жить в его доме.

Рождество Иисуса

Лк 2:1-7

В те годы римский император Август, под владычеством которого находилась земля Израиля, приказал провести всеобщую перепись населения. Для этого

каждому жителю надо было записаться в том городе, где жили его предки. Родным городом рода Давидова, к которому принадлежал Иосиф, был Вифлеем, находящийся на юге, в Иудее — туда и отправились Иосиф с Марией.

Когда они прибыли в Вифлеем, оказалось, что в городской гостинице нет свободных мест. Марии же наступило время родить. Появившееся на свет Дитя ей пришлось, спеленав, положить в ясли — кормушку для скота.

Пастухи

Лк 2:8-18

В ночь, когда родился Иисус, на окрестных полях пастухи охраняли свои стада. Вдруг перед ними, во всем своем величии, предстал ангел Божий, и пастухи очень испугались. Но ангел сказал им: «Не бойтесь! Я возвещаю вам о великой радости, пришедшей в мир. В городе Давидовом родился Господь-Спаситель; вы Его легко узнаете — Младенец лежит спеленутым в яслях».

В этот миг на поле внезапно появилось множество ангелов, славящих Бога и радующихся за людей. Пастухи сказали друг другу: «Надо скорее идти в Вифлеем и увидеть Младенца, о Котором возвестил нам Бог».

Они поспешили в город, и скоро их взору предстали Мария с Иосифом и Младенец, лежащий в яслях. Потом пастухи повсюду рассказывали о том, что им довелось увидеть, и все поражались их рассказам.

245

Рождественская звезда

Мф 2:1-12

Волхвы — мудрецы, жившие на Востоке, — увидели на небе звезду, возвещавшую о рождении Иисуса. Они пришли в Иерусалим и начали спрашивать: «Где родился Царь Иудейский? Мы видели Его звезду и хотим поклониться Ему».

В это время Иудеей правил царь Ирод. Он испугался, услышав о родившемся Царе, созвал знатоков Закона и первосвященников и спросил у них: где должен родиться Мессия-Христос?

Они ответили: «В Вифлееме». Согласно древнему пророчеству, Мессия должен был принадлежать к колену Иуды, сына Иакова, и родиться именно в этом городе, которым издавна владели потомки Иуды.

Тогда Ирод, позвав к себе волхвов, выведал у них точное время появления звезды. Затем он направил их в Вифлеем, попросив: «Когда вы найдете Младенца, сообщите мне — я тоже хочу поклониться Ему».

Волхвы тронулись в путь, а звезда, которую они видели на востоке, стала двигаться перед ними, пока не остановилась над тем местом, где был Младенец. Волхвы очень обрадовались. Войдя в дом и увидев Марию с Младенцем, они упали на колени перед Иисусом и поклонились Ему до земли. Потом волхвы поднесли Иисусу свои дары: золото и благовония — ладан со смирной.

Ночью же, во сне, волхвы получили Божественное повеление не возвращаться к Ироду. Они отправились назад другой дорогой.

Бегство в Египет. Детство Иисуса

Мф 2:13-23; Лк 2:40

Когда волхвы ушли, Иосифу во сне явился ангел Божий. Ангел велел Иосифу взять Марию, Младенца и бежать с ними в Египет — поскольку царь Ирод вознамерился найти и убить Иисуса. Иосиф и его семья должны были находиться в Египте до тех пор, пока ангел не позволит им вернуться.

Той же ночью все семейство спешно отправилось в Египет, и оставалось там до смерти Ирода. Именно так предсказал в древности пророк.

Узнав, что волхвы его обманули, Ирод был страшно разгневан и приказал на всякий случай убить в Вифлееме всех младенцев, не достигших двухлетнего возраста — по рассказам волхвов, среди них должен был быть Иисус. Это убийство младенцев также было когда-то предсказано пророком Иеремией.

Когда Ирод умер и в Иудее стал царствовать его сын Архелай, ангел Божий явился Иосифу и позволил ему вернуться с семьей на родину. Но Иосиф побоялся возвращаться в Иудею и, получив во сне Божественное повеление, отправился на север — в Галилею, в город Назарет. Тем самым свершилось еще одно древнее пророчество о том, что Мессию станут звать Назореем.

Так Иосиф, Мария и ее Сын стали жить в Назарете. Иисус взрослел, укрепляясь духом и исполняясь мудрости.

Иисус в Храме

Лк 2:41-52

Каждый год, когда праздновались дни Пасхи — освобождения евреев из египетского рабства — Иосиф с Марией шли в Иерусалим, чтобы встретить праздник в Священном городе.

Когда Иисусу исполнилось двенадцать лет, родители взяли Его с собой. После завершения праздника, вместе с родственниками и знакомыми, они отправились назад, в Назарет. Иисус же остался в Иерусалиме — но родители об этом не знали, думая, что Он идет с другими паломниками. Уже целый день Иосиф с Марией были в пути; они начали волноваться и стали искать Иисуса.

Не найдя Его, они вернулись в Иерусалим, и после трехдневных поисков обнаружили Иисуса в Храме, где Он беседовал с учителями Закона. Все слушавшие мальчика поражались Его уму и познаниям.

Увидев Иисуса, Иосиф и Мария сами были чрезвычайно удивлены. «Сын мой! Что же Ты с нами делаешь? — воскликнула Мария. — Мы с Твоим отцом очень испугались за Тебя и повсюду Тебя искали!»

Но Иисус ответил им: «А зачем вам надо было Меня искать? Разве вы не знали — Я должен находиться в доме Отца Моего?» Однако они не поняли смысла сказанного Иисусом.

Вскоре семья покинула Иерусалим; теперь Иисус во всем слушался родителей. Но Мария на всю жизнь сохранила в сердце слова Сына.

Иисус же взрослел, исполняясь в глазах Бога и людей все большей мудрости и любви.

Проповедь Иоанна Крестителя

Мф 3:1-12; Мк 1:1-8; Лк 3:1-18; Ин 1:19-28

Иоанн, сын Захарии и Елизаветы, жил в пустыне, готовясь к исполнению своего Божественного предназначения. Он носил одежду из верблюжьего волоса, подпоясанную кожаным поясом, питался только сухой саранчой и диким медом.

И вот Бог воззвал к нему; Иоанн отправился проповедовать Слово Божие, призывая всех покаяться в грехах, очистить свои сердца и души. Множество народа, со всех концов страны, приходило послушать его. «Покайтесь, — взывал Иоанн, — приблизилось Царство Божие!» И многих он крестил, омывая водами реки Иордан; при этом люди вслух исповедовались в своих грехах.

Пришли к нему креститься и фарисеи с саддукеями. Но Иоанн гневно сказал им: «Змеиное отродье! Вы думаете таким образом избегнуть Божьего гнева? Сначала надо всем сердцем покаяться! И не нужно кичиться своим происхождением от Авраама — Бог может сотворить Себе других детей! Всякое засохшее, не плодоносящее дерево будет срублено и брошено в огонь!»

«Что же нам нужно делать?» — спрашивали из толпы.

«Делитесь всем, что у вас есть, с бедными».

На вопрос мытарей (сборщиков налогов), как следует поступать им, Иоанн велел им не требовать с людей больше положенного. Воинам же он велел не чинить произвол, не клеветать на людей и довольствоваться своим жалованием.

252

В народе начали поговаривать, уж не Мессия ли Иоанн? А может, он пророк? Или Илия вернулся на землю? Иерусалимские власти даже послали священников спросить самого Иоанна. Но он сказал им:

«Я крещу вас только водой — за мной же придет Тот, Кто несравненно сильнее меня. Он будет крестить вас Духом Святым и огнем. Он отделит пшеницу от соломы, и солому сожжет неугасимым огнем».

Крещение Иисуса

Мф 3:13-17; Мк 1:9-11; Лк 3:21-22; Ин 1:29-34

Пришел креститься в иорданских водах и Сам Иисус. Увидев Его, Иоанн воскликнул: «Зачем Ты пришел ко мне? Это мне надо креститься у Тебя!»

Но Иисус ответил ему: «Оставь все, как есть. Этим мы исполним волю Божию». И тогда Иоанн крестил Иисуса.

Стоило же Иисусу выйти из воды, как вдруг над Ним разверзлись небеса. Иоанн увидел, как Дух Божий в виде голубя сходит на Иисуса, а с небес раздался голос: «Это Сын Мой возлюбленный! В Нем Моя отрада!»

Искушение Иисуса в пустыне

Мф 4:1-11; Мк 1:12-13; Лк 4:1-13

Крестившись у Иоанна, Иисус по велению Божьему ушел в пустыню, где дьявол пытался подчинить Его себе. Так прошло сорок дней, и все эти дни Иисус ничего не ел. И вот Он почувствовал сильный голод; в этот момент дьявол опять подступил к Нему и предложил: «Если Ты действительно Сын Божий, то преврати эти камни в хлеб».

Иисус ответил ему: «В Писании сказано — не только хлебом живет человек, но Словом Божиим».

Тогда дьявол перенес Иисуса в Иерусалим, поставил на крышу Храма и опять предложил Ему: «Если Ты действительно Сын Божий, спрыгни вниз. Ведь сказано в Писании, что ангелы подхватят Тебя, и Ты не разобьешься».

Но Иисус ответил дьяволу: «Еще в Писании сказано — не испытывай силы Господа Бога твоего».

Тогда дьявол вознес Иисуса на вершину самой высокой горы и в третий раз предложил Ему: «Смотри, перед Тобой все царства мира, со всем их могуществом и богатством. Я могу их отдать Тебе — только поклонись мне».

Но Иисус ответил ему : «Сказано в Писании — одному Богу твоему поклоняйся и служи».

И, не добившись ничего, дьявол на время оставил Его в покое.

255

Смерть Иоанна Крестителя

Мф 14:1-12; Мк 6:17-29; Лк 3:19-20

Иоанн Креститель продолжал проповедовать и призывать людей к покаянию. Он обличал правителя Галилеи Ирода Антипу: тот вступил в брак с женой родного брата Филиппа.

Ирод бросил Иоанна в темницу, но сохранил ему жизнь, боясь народного гнева — народ считал Иоанна пророком. Кроме того, правитель прислушивался ко многим мудрым советам Иоанна.

И вот однажды Ирод праздновал день рождения. Перед гостями плясала дочь Иродиады — так звали жену Ирода. Ироду настолько понравилась пляска девушки, что он пообещал ей выполнить любое ее желание. Иродиада же, которая ненавидела Иоанна, подговорила дочь, и та попросила Ирода: «Принеси мне на блюде голову Иоанна Крестителя!»

Ироду ничего не оставалось делать — все гости слышали его обещание, — и он отдал приказ казнить Иоанна. Блюдо с головой Иоанна он отдал девушке, а та отнесла его своей матери Иродиаде.

Ученики Иоанна похоронили тело учителя. И когда Ирод услышал об Иисусе, он решил, что это воскрес Иоанн Креститель.

Первые ученики Иисуса

Ин 1:35-50

Еще до своего заключения под стражу Иоанн Креститель показал двум своим ученикам на Иисуса: «Вот Агнец Божий», — и они решили пойти за Иисусом.

Целый день они пробыли с Иисусом, после чего один из них, Андрей, нашел своего брата Симона и сказал ему: «Мы нашли Мессию».

Андрей привел брата к Иисусу, и Иисус, взглянув на него, сказал: «Ты — Симон, сын Ионин. И будут звать тебя Петр, „скала"».

На другой день Иисус собрался идти в Галилею. Он хотел взять с собой и Филиппа, который жил в одном городе с Андреем и Петром. Филипп же решил привести к Иисусу еще одного своего земляка — Нафанаила. Он нашел Нафанаила сидящим под смоковницей и сказал ему: «Мы встретили Того, о Ком писал в Законе Моисей и говорили пророки — Иисуса, сына Иосифова, из Назарета». Нафанаил не поверил: «Разве из такого города, как Назарет, может быть что-нибудь хорошее?» Тогда Филипп сказал: «Пойдем, и увидишь сам».

Иисус же, увидев идущего к Нему Нафанаила, сказал: «Вот настоящий израильтянин, не способный на обман». Нафанаил удивился: «Откуда Ты меня знаешь?»

«Еще до того, как позвал тебя Филипп, Я видел тебя, — сказал Иисус. — Ты сидел под смоковницей».

«Учитель! — воскликнул пораженный Нафанаил. — Ты — Сын Божий, Царь Израиля!»

Но Иисус заметил ему: «Ты поверил Мне только потому, что Я сказал про смоковницу. Но ты увидишь гораздо большее».

Чудесный улов

Мф 4:18-22; Мк 1:16-20; Лк 5:1-11

Иисус проповедовал на берегу Геннисаретского озера; вокруг собралась большая толпа людей. В это время Петр и Андрей, которые были рыбаками, закидывали в море сети. Иисус вошел в лодку Петра, попросил его немного отплыть от берега и продолжал учить людей прямо из лодки. Закончив проповедь, Он велел Петру отплыть подальше и закинуть сети для лова. Петр Его предупредил: «Учитель! Мы трудились всю ночь и ничего не поймали», — но сделал так, как сказал ему Иисус. И вот, на этот раз они поймали столько рыбы, что даже сеть не выдержала и порвалась. Тогда Петр крикнул рыбакам на другой лодке, чтобы

259

они подплыли и помогли им. Но рыбы было столько, что обе лодки начали тонуть.

Потрясенный Петр упал перед Иисусом на колени и воскликнул: «Господин мой! Брось меня — я человек грешный!» При виде такого улова ужас объял и товарищей Петра, сыновей Зеведея — Иакова и Иоанна, и всех, кто был с ними. Но Иисус сказал Петру: «Не бойся! Теперь ты будешь ловцом людей».

После этого рыбаки оставили свои дома и хозяйство и последовали за Иисусом.

Брак в Кане Галилейской

Ин. 2:1-11

В галилейском городе Кане праздновали свадьбу. Среди приглашенных были Иисус с учениками и Его мать.

В разгар пира неожиданно выяснилось, что не хватает вина для гостей. Мария сказала об этом Иисусу, но Сын ответил ей: «Что нам с тобой до этого? Еще не пришел час Мой».

Однако Мария наказала слугам, чтобы те выполнили все распоряжения Иисуса.

Рядом стояли шесть больших сосудов, где хранилась вода для омовения. Иисус велел слугам наполнить сосуды до краев, зачерпнуть из них воды и отнести воду распорядителю пира. И свершилось чудо — вода превратилась в превосходное вино! Когда распорядитель пира отведал вина, оно ему очень понравилось. Ничего не зная о происшедшем (об этом знали только слуги), распорядитель похвалил жениха: «Обычно гостям сначала подают хорошее вино — а когда оно закончится, то похуже. У тебя же и сейчас — отличное вино!»

Так Иисус совершил Свое первое чудо, и ученики уверовали в Него.

261

Изгнание торговцев из Храма

Ин 2:13-23

Приближались дни празднования Пасхи, и Иисус с учениками отправились в Иерусалим. Придя в Храм, они увидели в нем торговцев, продававших быков и овец. Тут же сидели продавцы голубей и менялы, разменивавшие деньги. Иисус в гневе схватил сплетенный из веревок бич и выгнал торговцев из Храма, вместе с их животными. Он опрокинул столы, за которыми восседали менялы, и рассыпал все их деньги. Продавцам же голубей Он сказал: «Забирайте их отсюда. Не превращайте Дом Отца Моего в место для торговли».

Но иудеи, находившиеся в Храме, спросили Его: «Чем Ты можешь доказать нам Свое право так поступать?»

«Разрушьте Храм, — ответил им Иисус, — и Я в три дня опять воздвигну его».

«Да этот Храм строился сорок шесть лет! Как Ты его можешь построить за три дня?!» — изумились люди.

Но они не поняли — говоря о Храме, Иисус имел в виду Себя. И когда через три дня после распятия Он воскрес из мертвых, ученики вспомнили Его слова.

Находясь в Иерусалиме в пасхальные дни, Иисус совершил немало чудес, и многие люди уверовали в Него.

Иисус и самарянка

Ин 4:3-41

Из Иудеи Иисус опять направился в Галилею. Путь Его лежал через земли Самарии, с жителями которой, самарянами, у иудеев была религиозная вражда.

Так Он оказался в городе Сихарь, недалеко от поля, которое патриарх Иаков дал своему сыну Иосифу. Тут же был знаменитый колодец, называемый колодцем Иакова.

Около полудня уставший Иисус присел отдохнуть у колодца, а ученики Его отправились в город купить пищи. К колодцу подошла местная жительница, самарянка — зачерпнуть воды. Иисус попросил у нее попить. Женщина удивилась: «Как же Ты, иудей, просишь пить у меня, самарянки? Ведь иудеи с самарянами не общаются». Иисус же ей ответил: «Если бы ты знала, Кто просит у тебя воды, то сама просила бы у Него. И Он бы дал тебе живой воды».

Женщина не поняла Его и продолжала недоумевать: «Господин! Тебе и воды-то зачерпнуть нечем, а ведь колодец глубок. Где же Ты возьмешь проточную воду? Ты, что, считаешь Себя выше Иакова, который сам пил из этого колодца?»

Иисус ответил ей: «Кто пьет эту воду, опять почувствует жажду — вода же, которую дам Я, утолит жажду навеки. Ибо Моя вода есть источник жизни вечной».

Тогда женщина взмолилась: «Господин, дай мне такой воды,

чтобы я больше никогда не испытывала жажды и не ходила к этому колодцу!»

Но Иисус на это ей сказал: «Пойди, приведи сюда своего мужа».

Женщина ответила, что у нее нет мужа. «Действительно, — подтвердил Иисус, — у тебя было пятеро мужей, а тот мужчина, с которым ты сейчас живешь, не муж тебе».

«Господин мой! Да Ты пророк! Тогда объясни мне — почему наши предки поклонялись Богу на этой горе, а вы говорите, что поклоняться Ему надо в Иерусалиме?»

Но Иисус ответил: «Можешь Мне поверить — наступает время, когда и не на этой горе, и не в Иерусалиме будете поклоняться Отцу. Дух Истины научит вас, как надо поклоняться Ему».

«Я знаю, что должен прийти Мессия, — сказала женщина, — и когда Он придет, то все нам объяснит».

«Я и есть Мессия», — ответил ей Иисус.

Женщина тут же бросила свой кувшин и поспешила в город, рассказывая всем встречным: «Идите к колодцу, там Человек, Которому обо мне все известно. Не Он ли Мессия-Христос?»

Многие самаряне поверили в Иисуса благодаря рассказу женщины. Они попросили Его подольше побыть у них, и Иисус оставался там два дня. Имея возможность послушать Его Самого, еще больше самарян уверовали в Иисуса.

Исцеление расслабленного

Мф 9:2-8; Мк 2:1-12; Лк 5:18-26

Оказавшись в городе Капернауме, Иисус проповедовал в одном доме, где собралось очень много людей. В это время четверо человек принесли расслабленного (больного, разбитого параличом), чтобы Иисус исцелил его. Но народу было столько, что они не могли внести носилки в дом.

Тогда они забрались на крышу и, проделав там отверстие, спустили постель с расслабленным к ногам Иисуса. Иисус, убедившись, как глубоко они веруют в Него, обратился к больному: «Прощаются тебе твои грехи!»

Сидящие здесь же учителя Закона подумали про себя: «Что Он говорит?! Ведь это кощунство! Кто может прощать грехи, кроме Бога?»

Иисус же, читая их мысли, воскликнул: «Узнайте, что Сын Человеческий имеет власть прощать грехи на земле!» — и говорит расслабленному: «Встань, возьми свою постель и иди!»

Тот сразу встал и пошел своими ногами. Пораженные люди, впервые увидя такое чудо, восславили Бога.

Призвание сборщика налогов

Мф 9:9-13; Мк 2:14-17; Лк 5:27-32

Вскоре после исцеления парализованного Иисус встретил мытаря (сборщика налогов) по имени Левий Матфей и велел ему следовать за Собой. И тот, бросив все, стал учеником Иисуса.

Однажды Левий устроил в своем доме большой обед в честь Иисуса. Среди огромного количества гостей было и много других сборщиков налогов. Учителя Закона и фарисеи стали укорять учеников Иисуса, говоря: «Как вы можете сидеть за одним столом вместе с презренными мытарями и грешниками?»

Иисус же сказал им в ответ: «Во враче нуждаются не здоровые, а больные. Я пришел призвать к Себе не праведников, а грешников».

Исцеление в купальне

Ин 5:1-9

В Иерусалиме, вблизи городских ворот, называемых Овечьими, была устроена купальня. Она славилась тем, что вода в ней порой начинала бурлить, и первый, кто успевал окунуться в воду, чудесным образом исцелялся от всех своих болезней. Поэтому в купальне постоянно лежало множество больных людей, ожидающих, когда забурлит вода.

В один из иудейских праздников в купальню пришел находившийся в эти дни в Иерусалиме Иисус. Он увидел лежащего человека, который был болен уже тридцать восемь лет. Иисус спросил больного, хочет ли он выздороветь? Тот ответил: «Хочу! Но когда начинает бурлить вода, некому меня туда бросить, а погрузиться в воду первым я не успеваю».

Тогда Иисус говорит ему: «Встань, возьми свою постель и иди!» И тотчас же больной выздоровел и пошел своими ногами.

Спор о субботе

Ин 5:10-47; Мф 12:1-8; Мк 2:23-28; Лк 6:1-5

Случилось так, что когда Иисус исцелил больного в купальне, была суббота. И иудеи, увидевшие, как выздоровевший несет свою постель, возмутились: «Как ты можешь нести постель в субботу, нарушая Закон?!» Он ответил им: «Мне так велел Исцеливший меня». Иудеи начали спрашивать, кто его исцелил, но выздоровевший этого не знал, а Сам Иисус к тому времени скрылся в толпе.

По прошествии некоторого времени Иисус встретил исцеленного Им человека в Храме и сказал ему: «Не греши больше, чтобы не случилось с тобой еще худшей беды». Человек рассказал, Кто его исцелил, и иудеи стали обвинять Иисуса, что Он нарушает субботу. Тогда Иисус ответил им: «Что Отец Мой делает, то делаю и Я».

Но тогда Иисус подвергся еще бо́льшим нападкам — не только за то, что Он нарушал субботу, но и что Бога называл Своим Отцом, делая Себя равным Богу.

На это Иисус отвечал им: «Кто не почитает Сына, не почитает и Отца, пославшего Его. Я пришел во имя Отца Моего, и слушающий Слово Мое обретает вечную жизнь».

В другой раз Иисусу с учениками довелось идти в субботу засеянным полем. Проголодавшиеся ученики растирали колосья и ели зерна. И опять фарисеи стали укорять Иисуса, что этого нельзя делать в субботу. Но Иисус ответил им: «Не человек для субботы, а суббота для человека. Сын Человеческий властен и над субботой».

271

Избрание двенадцати апостолов

Мф 10:1-42; Мк 3:13-19; 6:7-11; Лк 6:12-16; 9:1-5

Однажды Иисус взошел на гору, где молился всю ночь, а на рассвете позвал к Себе двенадцать учеников. Это были Петр, его брат Андрей, Иаков и Иоанн — сыновья Зеведея, Филипп, Варфоломей, Фома, сборщик податей Матфей, Иаков — сын Алфея, Фаддей, Симон Кананит и Иуда Искариот — тот, что впоследствии предал Иисуса.

Иисус обратился к ученикам с наставлениями: «Идите и проповедуйте Израилю, что приблизилось Царство Небесное. Исцеляйте больных, воскрешайте мертвых, изгоняйте бесов. Не берите с собой денег, лишней одежды и обуви — работающие достойны того, чтобы им подавали на жизнь. Идите в города и селения и несите мир людям. Кто примет вас, примет и Меня, а кто примет Меня, примет пославшего Меня Отца. Будьте мудры, как змеи, и просты, как голуби. И помните: многие будут вас преследовать, предавать. Вас будут ненавидеть. Но тот, кто выдержит гонения, спасется. Пусть вы претерпите мучения — но кто не следует за Мною, тот недостоин Меня. Кто хочет спасти свою жизнь, потеряет ее, а лишившись жизни ради Меня — спасет ее».

Нагорная проповедь. Заповеди блаженства

Мф 5:1-12; Лк 6:20-23

Однажды Иисус поднялся на гору. За Ним последовали ученики и большое количество людей, желавших Его послушать. На горе́ Иисус обратился к собравшимся с такими словами:

«Как счастливы скромные, не превозносящие свой разум и добродетели, не ищущие богатства: они войдут в Царство Божие;

— как счастливы те, кто скорбит: Бог их утешит;

— как счастливы кроткие и незлобивые: Бог отдаст им во владение Землю Обетованную;

— как счастливы те, кто жаждет исполнения правды Божией: Бог утолит их жажду;

— как счастливы добрые и милосердные: к ним и Бог будет милосерден;

— как счастливы люди, чистые в своих мыслях и чувствах: они увидят Бога;

— как счастливы те, кто стремится к миру: Бог назовет их Своими детьми;

— как счастливы те, кого преследуют за правду: они войдут в Царство Божие.

Так и вас будут преследовать за правду, клеветать на Меня, — сказал Иисус ученикам, — но знайте — это счастливый удел. Ведь так же преследовали и пророков. Вы должны только радоваться, потому что в Царстве Божием вас ждет великая награда».

Нагорная проповедь. О праведной жизни

Мф 5:20-48

Далее Иисус сказал Своим слушателям: «Вы должны жить праведно, исполняя все заповеди, о которых Я сказал вам.

Но праведность ваша не должна быть такой, как ее понимают фарисеи и учителя Закона.

Если в Писании сказано, что убивать нельзя и что убийца подлежит суду, то Я говорю вам: чувство ненависти и злобы, ведущее к убийству, столь же отвратительно, как и само убийство.

Сказано в Писании, что нельзя развратничать, а Я говорю вам: кто хотя бы в душе своей лелеет

грязные помыслы, тот уже раз-
вратничает. Боритесь с такими
чувствами, чего бы вам это ни
стоило.

Еще в Писании сказано: „глаз
за глаз, зуб за зуб". А Я вам говорю: не отвечайте злом на зло;
будьте смиренны и добры. Кто
хочет отнять у тебя рубашку,
отдай ему и верхнюю одежду.
Помогай всем, кто просит у тебя.

Писание говорит: „люби ближнего твоего и ненавидь врага
твоего", а Я говорю вам: любите
врагов ваших, молитесь о своих
обидчиках.

Любить своих ближних и хорошо относиться к своим братьям
нетрудно — так поступают и язычники. Вы же должны быть совер-
шенны, как Отец ваш Небесный,
и быть настоящими Его детьми».

276

райтесь не привлекать к себе внимания. Бог Сам все видит.

И когда соблюдаете пост, не ходи́те понурыми — наоборот, не показывайте виду, что поститесь. Пусть об этом знает только Отец Небесный, для Которого вы это и делаете.

И молитва не должна быть показной. Молись Господу один, в своей комнате. И не нужно произносить много лишних слов, как язычники. А то они думают — чем ты многословнее, тем тебя лучше слышно. Отец Сам знает, что вам нужно, еще до того, как вы обратитесь к Нему.

Молитва же должна быть такой:

Отец наш на Небесах!
Да прославится Твое Имя!
Да придет Твое Царство!
Да исполнится Твоя Воля
и на Небе, и на земле!
Не оставь нас без пропитания
И прости нам наши долги —
как мы прощаем тем, кто нам должен;
Не подвергай нас испытаниям
И защити нас от зла».

Нагорная проповедь. О милостыне, посте и молитве

Мф 6:1-18; Лк 11:2-4

«Многие люди, совершая добрые дела, стараются покрасоваться, стать всем известными, — сказал Иисус. — Вы же, когда совершаете милосердные поступки, ста-

Нагорная проповедь. О благах земных и небесных

Мф 6:19-33; Лк 12:21-31

«Не гоняйтесь за земными благами, — продолжал Иисус, — они случайны и непостоянны. Стремитесь к вечным Небесным Дарам. Нельзя служить двум господам — надо выбирать между Богом и земным богатством.

И меньше заботьтесь о пище и одежде. Взгляните на птиц: они не сеют и не собирают урожай; Бог кормит их. А посмотрите на полевые лилии: они не трудятся, а как красивы — сам царь Соломон так не одевался! И если уж их Бог так одевает, то о вас Он тем более позаботится, маловеры!

Это язычники о себе беспокоятся, Бог же знает ваши заботы. Ищите Царства Божия и Правды Божией, а тогда и все прочее появится».

Нагорная проповедь. Об отношении к людям; о лжепророках; о необходимости исполнения заповедей Иисуса

Мф 7:1-29; Лк 6:27-49

«Не осуждайте людей, — учил Иисус, — и тогда Бог не осудит вас. И когда видите недостатки в других, подумайте прежде о своих недостатках: они могут быть во много раз хуже.

Просите, и вам дадут; ищите, и вы найдете; стучите, и вам отворят дверь. Если уж вы, злые люди,

278

делаете добро вашим детям — то неужели Отец ваш Небесный не позаботится о вас?!

Поступайте с людьми так, как вы хотите, чтобы поступали с вами — в этом суть Закона и учения пророков.

Знайте, очень легко пойти ложным путем, ведущим к гибели; гораздо труднее пройти единственный путь, ведущий в жизнь.

Остерегайтесь лжепророков! Их всегда можно узнать по результатам их дел. Негодное дерево приносит негодные плоды — такое дерево срубают и бросают в огонь.

И помните, не всякий, взывающий ко Мне: „Господи! Господи!" — войдет в Царство Божие, но только тот, кто исполняет волю Божию.

Многие будут пророчествовать, изгонять бесов, совершать чудеса, прикрываясь Моим именем, но на деле творя зло.

Слушать Меня и не исполнять Мои заповеди — это все равно, что строить дом на песке; от сильного ветра и дождя он рухнет.

А слушать Меня и исполнять Мои заповеди — это значит построить дом на камне. Ему не страшны никакие ветры и дожди — дом все равно устоит».

На этом Иисус закончил Свою проповедь.

Народ был поражен. Люди привыкли к тому, как учили знатоки Закона и фарисеи — Иисус же учил, словно у Него была власть от Бога.

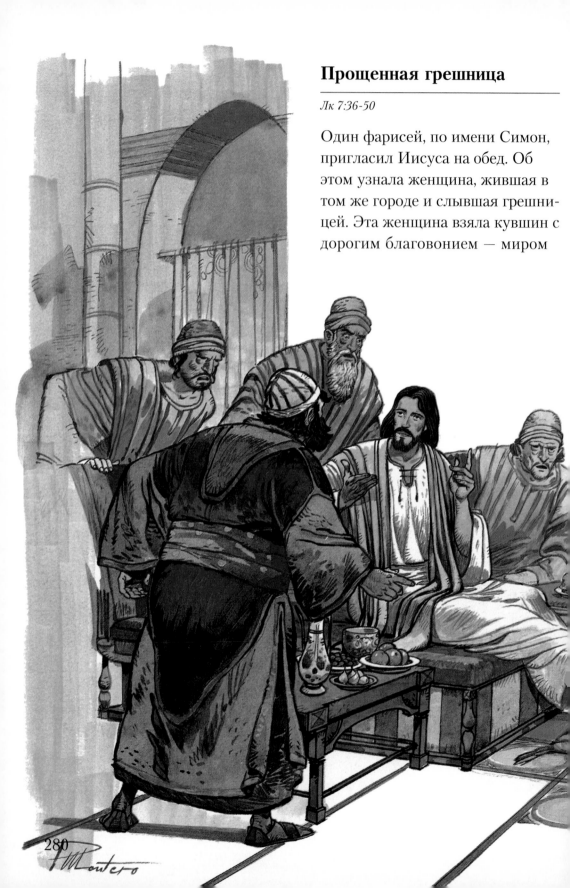

Прощенная грешница

Лк 7:36-50

Один фарисей, по имени Симон, пригласил Иисуса на обед. Об этом узнала женщина, жившая в том же городе и слывшая грешницей. Эта женщина взяла кувшин с дорогим благовонием — миром и пришла в дом фарисея. Опустившись к ногам Иисуса, она, рыдая, стала целовать их и умащать миром.

Хозяин дома подумал про себя: «Если бы Иисус был пророк, то уж наверняка бы знал, что за женщина к Нему прикасается».

И в этот момент Иисус обратился к нему: «Симон, Мне нужно кое-что сказать тебе».

«Я слушаю, Учитель», — ответил тот.

«У одного человека, дававшего деньги под проценты, было два должника — один был ему должен пятьсот динариев, а другой — пятьдесят. Но обоим было нечем платить, и он простил им долги. Теперь скажи, какой из этих двух должников будет больше благодарен ему?»

«Наверное, тот, кому он простил больший долг», — ответил Симон.

«Правильно, — подтвердил Иисус и показал ему на женщину. — Когда Я пришел к тебе, ты Мне ноги водой не омыл — а она омыла их слезами и отерла волосами.

Ты не поцеловал Меня при встрече — а она непрестанно целует Мне ноги.

Ты Мне головы не помазал оливковым маслом — а она миром помазала Мне ноги.

Знаешь, почему она так любит Меня? Потому что многое ей простилось. А кому мало прощается, тот мало и любит».

И Иисус обратился к женщине: «Прощаются тебе твои грехи».

Гости же размышляли про себя: «Да кто Он такой, чтобы прощать грехи?!» Иисус же сказал женщине: «Твоя вера спасла тебя. Ступай с миром».

Притча о сеятеле

Мф 13:1-23; Мк 4:1-20; Лк 8:4-15

Однажды Иисус проповедовал на берегу моря, и послушать Его собралось множество народа. Тогда Иисус вошел в лодку и, отплыв немного, продолжил беседу.

Многое Иисус объяснял людям с помощью притч. В этот раз Он рассказал притчу о сеятеле:

«Сеятель стал сеять семена. Часть семян упало у дороги, и их склевали птицы. Другие семена упали на каменистую неплодородную почву. Они быстро взошли, но так как корни у них были неглубокие, то стоило подняться солнцу, как ростки засохли. Некоторые семена упали среди колючек; колючки заглушили их. И наконец часть семян упала на хорошую почву, и они дали богатый урожай.

Кто умеет слушать, тот услышит!» — закончил Иисус.

282

Но все же Он решил разъяснить ученикам смысл притчи: «Семена, упавшие у дороги — это о человеке, который выслушал Слово о Царстве Божием и ничего не понял. Посеянное в его сердце похитит дьявол.

Семя, упавшее на каменистую почву, — это о человеке, который воспринял слова о Царстве с радостью и готовностью, но не задумывался над ними. Когда этого человека начнут преследовать за его убеждения, он быстро от них отступает.

Семя, упавшее в колючки — это о том, для кого житейские заботы и повседневная суета заглушают Слово о Царстве Божием. Из такого человека ничего не получится.

Посеянное же на хорошей почве — это о человеке, который слышит Слово, понимает его и живет им. Слово Божие, дошедшее до сердца такого человека, принесет много добрых плодов».

Притча о пшенице и сорняках

Мф 13:24-30, 36-43

Потом Иисус рассказал притчу о пшенице и сорняках:

«С чем можно сравнить Царство Божие? Допустим, человек посеял на своем поле семена пшеницы, а ночью, когда все спали, его враг посеял на том же поле сорняки. Спустя некоторое время пшеница взошла вместе с сорняками, и удивленные слуги стали спрашивать хозяина поля:

„Господин, ведь ты сеял пшеницу — откуда же взялись сорняки?" Хозяин ответил, что это сделал его враг. Тогда слуги предложили выполоть сорняки, но хозяин запретил это делать: вместе с сорняками они могли выдернуть и пшеничные колосья: „Пусть все это растет, пока не начнется жатва. Тогда я и скажу жнецам: соберите сорняки в пучки и сожгите их, а пшеницу уберите в закрома"».

Потом, по просьбе учеников, Иисус разъяснил смысл притчи: сеющий пшеницу — это Он Сам, поле — это мир, в котором все мы живем, семена пшеницы — это дети Царства Божия, сорняки же — это приспешники зла, их посеял дьявол. Жатва — это конец мира, а жнецы — ангелы Божии. Точно так же, как собирают и сжигают сорняки, в конце мира Сын Человеческий пошлет Своих ангелов, и они отыщут всех, творивших зло и соблазнявших людей на плохие поступки. И будут они брошены в огненную печь, где их ждут великие мучения. А праведники будут сиять, как солнце, в Царстве Божием!

Притчи о горчичном зерне и о закваске

Мф 13:31-35; Мк 4:30-34; Лк 13:18-21

И другую притчу рассказал Иисус, сравнив Царство Божие с горчичным зерном: это зерно меньше любых семян; когда же оно вырастает, то становится высоким деревом, и в его ветвях птицы вьют гнезда.

«И еще, — сказал Иисус, — Царство Божие подобно горстке дрожжей, которые хозяйка добавляет в муку — и все тесто поднимается».

Укрощение бури

Мф 8:18, 23-27; Мк 4:35-41; Лк 8:22-25

Как-то Иисус решил переправить-ся в лодке на другой берег моря. Стоило Ему с учениками отплыть, как на море разыгралась страшная буря. Лодку заливало волнами;

Иисус же спокойно спал на кор-ме. Испуганные ученики разбу-дили Его и стали умолять: «Учи-тель! Спаси нас — мы погибаем! Неужели Тебе все равно?!»

Иисус же укоризненно ответил им: «Что ж вы так боитесь, мало-верные?» И встав во весь рост, Он усмирил бурю. Ветер стих, и море опять стало спокойным.

Ученики были поражены: «Кто же Он такой, что бури и ветры повинуются Ему?»

Исцеление одержимого

Мк 5:1-20; Лк 8:26-39; Мф 8:28-34

Переплыв море, Иисус и Его ученики оказались в окрестностях города Гадары. На каменистом берегу озера было много пещер, где иудеи хоронили покойников. В одной из таких пещер жил человек, одержимый бесами. Он ходил голый, днем и ночью кричал и бился о камни. Усмирить его было невозможно: он был так силен, что разрывал любые цепи, в которые его заковывали.

Увидев Иисуса еще издали, одержимый побежал к Нему навстречу и низко поклонился. Иисус же приказал: «Выйди, нечистый дух, из этого человека!»

Тогда человек громко закричал: «Что Ты хочешь от меня, Иисус, Сын Бога Всевышнего?! Умоляю Тебя, не мучь меня!»

«Как тебя зовут?» — спросил Иисус.

«Нас много, — последовал ответ бесов, — и поэтому нас зовут „легион"».

Неподалеку, на скале, паслось большое стадо свиней, и бесы попросили: «Не надо нас сбрасывать в бездну. Лучше всели нас в этих свиней!»

Иисус так и сделал. Бесы вселились в свиней, и обезумевшее стадо — около двух тысяч животных — бросилось со скалы в море и утонуло.

Пастухи, лишившись стада, с криками побежали прочь. Жители близлежащих мест высыпали на берег моря и увидели, что к одержимому вернулся разум, что он уже одет и абсолютно нормально себя ведет. Узнав от очевидцев, что произошло, они пришли в ужас и попросили Иисуса покинуть эти места. Человек же, которого Иисус освободил от бесов, попросил разрешения сопровождать Его. Но Иисус велел ему остаться и поведать землякам, как сжалился над ним Господь.

Человек стал повсюду рассказывать о случившемся с ним, и люди не переставали удивляться.

Исцеление двух слепых

Мф 9:27-31

Однажды за Иисусом последовали двое слепых. Они шли и кричали: «Помилуй нас, Иисус, Сын Давидов!» Иисус хотел войти в дом; слепые приблизились к Нему, и Он спросил: «Вы верите, что Я могу это сделать?» Они не колеблясь ответили: «Да, Господин наш!» Тогда Иисус коснулся рукой их глаз и произнес: «Вот вам награда за вашу веру!»

Слепые тут же прозрели. И хотя Иисус строго наказал им никому ничего не говорить, они наперебой стали рассказывать о чуде каждому встречному.

Насыщение пятью хлебами пяти тысяч человек

Мф 14:13-21; Мк 6:32-44; Лк 9:12-17;
Ин 6:3-14

Когда Иисус узнал о смерти Иоанна Крестителя, Он сел в лодку и отплыл подальше, чтобы побыть в одиночестве. Но народ, узнав, что Иисус неподалеку, собрался на берегу. Увидев множество людей, ожидающих Его, Иисус сжалился над ними, пристал обратно к берегу и исцелил больных, находившихся среди толпы.

Тем временем наступил вечер. Ученики подошли к Иисусу и предупредили Его: «Здесь пустынное место, а час уже поздний. Скажи людям, чтобы пошли в селение и купили себе еды».

«Не нужно им никуда ходить, — ответил Иисус, — сами дайте им поесть».

«Да у нас всего-то пять хлебов и две рыбы!» — воскликнули ученики.

«Принесите их сюда», — распорядился Иисус и велел всем расположиться поудобнее на траве. Люди расселись группами по пятьдесят и по сто человек. Взяв пять хлебов и две рыбы, Он поднял глаза к небу и произнес благословение, после чего разломил хлебы, разделил рыбу и раздал ученикам, а те — собравшимся вокруг людям. Все стали есть — около пяти тысяч человек, не считая женщин и детей. Скоро люди насытились, а оставшегося хлеба и рыбы еще хватило на двенадцать полных корзин.

Хождение по водам

Мф 14:22-33; Мк 6:45-51; Ин 6:15-21

Накормив людей, Иисус тотчас же велел ученикам садиться в лодку и плыть на другой берег, не дожидаясь, пока Он отпустит народ.

Оставшись, наконец, один, Иисус взошел на гору, где допоздна молился. Тем временем лодка была уже далеко от берега. Поднялся ветер, волны начали швырять ее, как щепку.

Наступал уже рассвет, когда ученики увидели Иисуса, шедшего к ним по воде. Ученики закричали от ужаса: «Призрак!» Но Иисус крикнул им: «Не бойтесь, это Я!»

И тогда Петр сказал Ему: «Господи, если это действительно Ты, прикажи мне пойти навстречу Тебе».

«Иди», — сказал Иисус.

И выйдя из лодки, Петр пошел по воде навстречу Иисусу. Но ветер был сильный, Петр испугался и начал тонуть. Что есть силы, Петр закричал: «Господи, спаси меня!»

Иисус тут же протянул ему руку, укоризненно сказав: «Эх ты, маловерный! Что же ты засомневался?»

Они вошли в лодку, и ветер немедленно стих. Ученики же, находившиеся в лодке, подошли к Иисусу, поклонились Ему и сказали: «Ты действительно Сын Божий!»

296

Исцеление дочери хананеянки

Мф 15:21-28; Мк 7:24-30

Однажды Иисус оказался в окрестностях города Тира. К Нему подошла местная жительница, хананеянка, упала Ему в ноги и

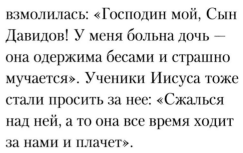

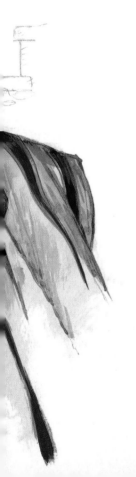

взмолилась: «Господин мой, Сын Давидов! У меня больна дочь — она одержима бесами и страшно мучается». Ученики Иисуса тоже стали просить за нее: «Сжалься над ней, а то она все время ходит за нами и плачет».

Однако Иисус ответил: «Бог послал Меня только к заблудшему израильскому народу».

Но женщина продолжала умолять Его: «Господин мой, помоги мне!» На это Иисус сказал: «Сначала надо накормить детей. Нехорошо отбирать хлеб у детей и бросать собакам». Однако женщина не отступилась: «Это так, Господин, но ведь и собаки подъедают крошки, которые падают со стола хозяина!»

Тогда Иисус сказал ей: «Велика твоя вера, женщина! Да исполнится то, о чем ты просишь!» И в тот же момент бесы покинули ее дочь, и она выздоровела.

Исцеление слепого в Вифсаиде

Мк 8:22-26

Иисус пришел в небольшое селение Вифсаиду; к Нему привели слепого, чтобы Иисус прикоснулся к нему и исцелил его от слепоты.

Иисус, взяв слепого за руку, вывел его из селения. Затем Он Своей слюной смочил ему глаза, возложил на него руки и спросил, видно ли ему теперь что-нибудь. Тот посмотрел вокруг и говорит: «Вижу проходящих людей, они похожи на деревья».

Тогда Иисус опять возложил руки ему на глаза и велел посмотреть вокруг. На этот раз человек уже видел все очень ясно — он исцелился.

После этого Иисус отослал его домой, велев никому ничего не рассказывать.

Петр-Скала

Мф 16:13-19; Мк 8:27-29; Лк 9:18-20

Однажды, оказавшись в городе Кесарии, Иисус спросил Своих учеников: «Скажите, кем Меня считают люди?»

«Одни думают, что Ты — Иоанн Креститель, другие — что Ты Илия. Кто-то считает, что Ты — Иеремия или один из пророков».

«А вы как думаете — кто Я?»

Иисусу ответил Симон Петр: «Ты — Христос, Сын Живого Бога».

Тогда Иисус сказал Петру: «Симон, сын Ионы! Ты счастливый человек — ибо не сам ты додумался до такого ответа и не люди тебе его подсказали, но Отец Мой Небесный. И поэтому Я говорю тебе: ты — Скала; на этой Скале Я воздвигну Мою Церковь, и силы смерти не одолеют ее».

Преображение

Мф 17:1-9; Мк 9:2-9; Лк 9:28-36

Иисус, взяв с собой Петра, а также братьев Иоанна и Иакова, повел их на высокую гору.

Когда они пришли, уставшие ученики задремали, а Иисус стал молиться. Проснувшись, ученики вдруг увидели Его совершенно преобразившимся: лицо Иисуса сияло, как солнце, а одежды стали белее снега. И еще увидели ученики Моисея и Илию, беседующих с Иисусом.

Петр воскликнул: «Господи, как нам хорошо здесь! Хочешь, мы поставим здесь три шатра: для Тебя, для Моисея и для Илии?»

Но не успел он закончить, как сияющее облако накрыло их, и из облака раздался голос: «Это Мой возлюбленный Сын! Его слушайте!»

Услышав голос, ученики от ужаса упали ничком на землю, но Иисус подошел к ним, коснулся рукой и сказал: «Не надо бояться! Вставайте!» Подняв глаза, они уже никого не увидели, кроме Иисуса.

На обратном пути, когда они спускались с горы, Иисус запретил им рассказывать об увиденном — до тех пор, пока Он не воскреснет из мертвых.

302

«Будьте как дети...»

Мф 18:1-14; Мк 9:33-37; Лк 9:46-48

Однажды ученики спросили Иисуса: «А кто больше всех почитается в Царстве Божием?»

Иисус подозвал к Себе ребенка и показал на него ученикам:

«Запомните: если вы не изменитесь и не станете такими, как дети, то вы не войдете в Царство Божие. Посмотрите на этого ребенка — как он смущен и робок! Кто будет таким же, тот и будет почитаться больше других в Царстве Божием. А кто собьет с пути истинного одного из верующих в Меня — таких же простых и смиренных, как этот ребенок, — тому лучше было бы погибнуть.

Миру предстоит пережить еще много горя, ибо он должен испытать соблазны — но горе тому, кто вводит мир в соблазны!

Если рука твоя соблазняет тебя на грех — отсеки руку! Лучше обрести вечную жизнь с одной рукой, чем иметь обе руки и гореть в вечном огне! И если глаз твой соблазняет тебя на грех — вырви его! Лучше обрести жизнь вечную, имея один глаз, чем иметь оба глаза и гореть в вечном огне!

И смотрите, не относитесь с презрением к простым, смиренным людям — Я пришел спасти даже самых малых и незаметных.

Бог не даст погибнуть никому».

Если твой ближний совершит грех

Мф 18:15-20

«Если твой ближний совершит плохой поступок, — продолжал Иисус, — поговори с ним наедине. И если он осознает свою вину, то помирись с ним.

Если же он не послушает, то пусть с ним побеседуют еще один-два человека, чтобы убедить его раскаяться.

Если же и это не поможет, то пусть к нему обратится община верующих. И в этом случае он не раскается— тогда относитесь к нему, как к язычнику и презренному человеку.

И если хотя бы двое из вас будут молиться об одном и том же, то Бог исполнит их просьбу: там, где два или три человека соберутся вместе ради Меня, там буду и Я Сам».

Исцеление прокаженных

Лк 17:11-19

По пути в Иерусалим Иисус проходил через одно селение.

Там Его ждали десять человек, больных проказой. Они не стали подходить близко к Иисусу, а только закричали издали: «Иисус! Помилуй нас!»

Увидев их, Иисус сказал: «Ступайте, покажитесь священникам!»

Они послушались, и по дороге

исцелились. Один из них, самарянин, счастливый тем, что выздоровел, возвратился, громко славя Бога. Он упал к ногам Иисуса, горячо благодаря Его. Иисус же спросил: «А где же остальные? Ведь исцелились все десять? Что же они не вернулись воздать благодарность Богу — а пришел только ты один, хотя ты и иноплеменник?»

И Иисус велел ему подняться и идти, сказав: «Вера твоя спасла тебя».

Иисус прощает женщину, обвиненную в супружеской измене

Ин 8:1-11

Находясь в Иерусалиме, Иисус пришел утром в Храм и стал проповедовать большой толпе людей, собравшихся послушать Его.

В это время фарисеи и учителя Закона приволокли в Храм женщину, обвиняемую в супружеской измене. Вытолкнув ее на всеобщее обозрение, они обратились к Иисусу:

«Учитель! Эта женщина была застигнута в момент супружеской измены. По Закону Моисея ее надо забросать камнями. Что Ты на это скажешь?»

При этом они надеялись: Иисус скажет что-нибудь такое, за что Его потом можно будет обвинить. Но Иисус ничего не отвечал; склонившись, Он чертил пальцем по земле.

Фарисеи и учителя Закона продолжали настаивать на ответе. Тогда Он выпрямился и сказал им: «Пусть тот из вас, у кого нет грехов, первый бросит в нее камень». И опять склонился, продолжая чертить что-то на земле.

Фарисеям и учителям Закона стало совестно; самые почитаемые из них потянулись прочь, а за ними — и все остальные. Иисус снова выпрямился и, увидев женщину одну, спросил у нее: «Где же твои обвинители? Не нашлось никого, кто осудил бы тебя?»

«Нет, ни одного, Господин мой!» Тогда Иисус сказал ей: «Ступай! Я тоже не стану осуждать тебя. Но впредь не греши».

307

Притча о милосердном самарянине

Лк 10:25-37

Один учитель Закона, в надежде подловить Иисуса на слове, задал Ему вопрос: «Учитель! Что мне нужно делать, чтобы обрести вечную жизнь?»

Иисус же в ответ спросил его: «А что в Законе написано, ты знаешь?»

«Знаю — там написано, что надо полюбить Господа Бога и ближних всем сердцем, полю-бить так же, как мы любим самих себя».

«Верно, — сказал Иисус. — Вот если ты так и будешь поступать, то обретешь вечную жизнь».

Но учитель Закона продолжал допытываться: «А кого я могу считать своими ближними?»

И тогда Иисус рассказал притчу:

«Однажды некий человек шел из Иерусалима в Иерихон. По пути на него напали разбойники, избили до полусмерти, отняли одежду и бросили окровавленного на дороге.

В это время случилось идти по дороге священнику. Увидев лежащего человека, он прошел мимо. Затем на дороге появился левит. Он подошел к раненому, посмотрел и тоже прошел мимо.

Вскоре этой же дорогой проезжал один самарянин. Заметив израненного человека, самарянин омыл и перевязал его раны, затем посадил на своего осла и привез в гостиницу, где ухаживал за ним. На следующий день, уезжая из гостиницы, самарянин дал хозяину денег — два динария, велев ему позаботиться о раненом. „Если же ты потратишь больше, — добавил самарянин, — то по возвращении я верну тебе деньги”».

«Теперь скажи Мне, — обратился Иисус к учителю Закона, — как ты думаешь: кто из этих троих — священник, левит или самарянин — был ближним пострадавшему человеку?»

«Тот, что оказал ему помощь», — ответил учитель Закона.

«Ну вот, иди, и всегда поступай так же».

Марфа и Мария

Лк 10:38-42

Путь Иисуса по Иудее пролегал через деревню Вифания. Там Он остановился в доме у женщины, которую звали Марфа. У Марфы была сестра по имени Мария; она сразу села у ног Иисуса и ловила каждое Его слово.

Марфа же готовила праздничное угощение. Подойдя к Иисусу, она воскликнула: «Господин мой! Я тружусь, готовлю, а сестра моя бездельничает! Неужели Тебе все равно? Вели ей помочь мне».

Иисус же сказал ей в ответ: «Эх, Марфа, Марфа! Ты все суетишься, все хлопочешь! А ведь нужно только одно... Мария выбрала самое лучшее — то, что навсегда останеться с ней».

Добрый пастырь

Ин 10:1-16

Беседуя с фарисеями, Иисус сравнил Себя с пастухом, заботящимся об овцах.

«Овцы слушают только своего пастуха и откликаются на его голос. Они идут только за ним, а от чужих бегут.

Вот, до Моего прихода, — сказал Иисус, — сколько было воров и разбойников, прикидывавшихся пророками, но люди не послушали их.

Вор приходит только для того, чтобы украсть или убить, Я же пришел, чтобы всем дать жизнь. Я — дверь спасения,

вошедший через нее обретет жизнь вечную.

Случайный человек, нанявшийся пасти чужое стадо, об овцах заботиться не будет. Стоит ему увидеть волка — и он тут же бросится бежать, оставив овец на съедение.

Я же — хороший пастух. Я знаю Моих овец, и они знают Меня. И Я жизнь Свою отдам за овец.

Есть у Меня, — продолжал Иисус, — и другие овцы, не из этой овчарни, и Мне предстоит привести их к Себе. Они тоже услышат Мой голос — и тогда будет одно стадо, и один будет у него Пастух».

Воскрешение Лазаря

Ин 11:1-46

У сестер Марии и Марфы из деревни Вифания, где останавливался Иисус, был еще брат по имени Лазарь. Случилось, что Лазарь тяжело заболел, и сестры известили об этом Иисуса.

Иисус очень любил Лазаря и его сестер. Узнав о происшедшем, Он сказал: «Эта болезнь не закончится смертью. Благодаря ей прославится Сын Божий». Когда прошло еще два дня, Иисус сообщил ученикам, что они возвращаются в Иудею. Ученики крайне удивились: «Учитель! Тебя же в Иудее хотели забросать камнями! И, несмотря на это, Ты хочешь снова идти туда?»

Иисус ответил им: «Лазарь уснул, и Я иду разбудить его».

Иисус говорил о смерти Лазаря, но ученики этого не поняли и стали успокаивать Его: «Ну, раз он уснул, то это к выздоровлению!»

Тогда Иисус сказал прямо: «Лазарь умер», — а затем прибавил: «Хорошо, что Меня там не было — теперь же вы сможете уверовать в Меня. Пойдемте!»

Когда Иисус добрался до Вифании, оказалось, что Лазарь уже четыре дня как мертв. В доме собралось множество людей, соболезнующих сестрам Лазаря.

Марфа, услышав, что пришел Иисус, поспешила Ему навстречу; Мария же осталась дома. Увидев Иисуса, Марфа сказала Ему: «Господи! Если бы Ты был здесь, то Лазарь не умер бы! Но я уверена — и теперь Бог сделает все, о чем бы Ты ни попросил». «Брат твой воскреснет», — коротко сказал Иисус.

«Да, я знаю, в конце времен он обязательно воскреснет».

Тогда Иисус сказал ей: «Я Сам есть Воскресение и Жизнь. Кто верит в Меня, тот оживет и после смерти. Ты веришь в это, Марфа?»

«Да, Господи, — ответила Марфа, — я верю, что Ты — Мессия, Сын Божий». И она побежала к дому, незаметно вызвала сестру и шепнула ей: «Учитель здесь! Он ждет тебя». Мария тут же поспешила к Иисусу, а люди, собравшиеся в доме, решили, что она идет к могиле, и направились за нею следом. Увидев Иисуса, Мария упала к Его ногам и заплакала: «Господи! Если бы Ты был здесь, то Лазарь был бы жив!»

Глядя на Марию и плачущих людей вокруг, Иисус почувствовал глубокое волнение. «Где вы его похоронили?» — спросил Он. «Пойдем, мы покажем Тебе могилу», — предложили люди, и Иисус заплакал.

«Смотрите, как Он любил Лазаря», — послышались голоса, а кто-то сказал: «Неужели этот Человек, заставивший прозреть слепого, не мог отвести от Лазаря смерть?»

Иисус подошел к могиле — углублению в скале, заваленному большим камнем. «Уберите камень!» — распорядился Он. «Да что Ты, Господи! — воскликнула Мария. — Ведь он мертв целых четыре дня! Тело уже разлагается».

На это Иисус заметил: «Разве не говорил Я тебе — если будешь верить, увидишь Славу Божию».

Пока камень откатывали от могилы, Иисус поднял глаза к небу и прошептал: «Отец Мой! Спасибо, что Ты услышал Меня. Я знаю, что Ты всегда слышишь Меня, но Я хотел показать это собравшимся здесь людям — чтобы они поверили: Ты послал Меня». Затем Он громко позвал: «Лазарь! Выходи!»

И тот вышел — закутанный в саван, с закрытым повязкой лицом. «Развяжите его, и пусть идет!» — приказал Иисус.

И многие, находившиеся в тот день в доме Марии, поверили в Иисуса.

Притчи о пропавшей овце и о потерянной драхме

Лк 15:1-10

Когда Иисус учил народ, приходили Его послушать и многие грешники, и презираемые всеми сборщики налогов. Фарисеям же и учителям Закона очень не нравилось, что Иисус общается с такими людьми и даже ест вместе с ними.

Тогда Иисус рассказал фарисеям и учителям Закона такую притчу:

«Если у вас в стаде сто овец, и одна овца потерялась — неужели вы не оставите стадо и не пойдете искать пропавшую овцу? И найдя ее, вы, конечно, очень обрадуетесь, созовете друзей и соседей на пир — разделить вашу радость.

Так вот, на Небесах больше будут радоваться об одном грешнике, который раскаялся в своих грехах, чем о девяноста девяти праведниках, которые в раскаянии не нуждаются.

Или представьте себе женщину, у которой есть десять монет, драхм, и одну она потеряла. Женщина тут же зажжет свечи и начнет мести пол в надежде отыскать потерянную монету. Найдя же ее, она созовет подруг, чтобы они порадовались вместе с ней.

Так же и на Небесах радуются о каждом раскаявшемся грешнике».

Притча о блудном сыне

Лк 15:11-32

И еще одну притчу рассказал Иисус:

«У одного человека было два сына. Младший сын попросил отца выделить причитающуюся ему часть имущества и ушел из дома. Отправившись в дальние края, он жил там в праздности и быстро промотал все деньги. Да еще наступил голод, и положение юноши стало совсем отчаянным. Ему пришлось наняться к одному из местных жителей пасти свиней; пищей ему служили стручки рожкового дерева, которые бросали свиньям. Наступил момент, когда юноша задумался: „Работники, которых нанимает мой отец — и те сыты и довольны, а я умираю от голода!" И он решил вернуться к отцу, повиниться перед ним. „Скажу отцу, — решил юноша, — что я недостоин больше называться его сыном, и наймусь к нему в работники".

Юноша еще был далеко от дома, когда отец узнал о его возвращении. Он побежал навстречу сыну, обнял и поцеловал его. Тогда сын сказал: „Отец, я очень виноват перед тобой и Богом и недостоин больше называться твоим сыном".

Но отец приказал слугам принести для сына лучшую одежду и обувь, подарил ему дорогой

перстень. После этого он распорядился зарезать теленка и готовиться к большому пиру: „Будем радоваться и веселиться — нашелся мой пропавший сын!" И начался веселый пир.

А в это время старший сын хозяина возвращался с поля. Услышав смех и песни, он удивленно спросил у слуги, что происходит. Слуга объяснил, что вернулся младший брат и что отец на радостях велел устроить пир.

Старший сын был очень рассержен и не хотел идти в дом. И когда отец сам позвал его, старший сын сказал с горечью: „Я столько лет честно помогаю тебе, и ни разу не ослушался — так ты даже козленка мне не дал, чтобы попировать с друзьями. Мой же брат, промотавший все свое имущество, только успел вернуться — и ты в его честь заколол откормленного теленка!"

На это отец сказал ему: „Сын мой! Ты всегда рядом со мной, и все, что у меня есть, — это твое. Брат же твой все равно что умер и ожил снова — вот чему надо радоваться!"»

Притча о богаче и нищем Лазаре

Лк 16:13-31

Иисус убеждал фарисеев, что нельзя одновременно служить Богу и гоняться за богатством — одно всегда будет мешать другому. Фарисеи же, которые любили деньги, лишь смеялись над словами Иисуса. Тогда Он предупредил их: «Вы хотите выглядеть праведниками перед людьми, но Бог знает, кто вы есть на самом деле. Что ценят люди, то ненавистно Богу». И рассказал притчу:

«Жил один очень богатый человек — он носил дорогие одежды, каждый день устраивал роскошные пиры. У ворот же его дома лежал нищий по имени Лазарь. Лазарь питался объедками, которые бросали ему; тело нищего было покрыто язвами, которые облизывали собаки.

И вот пришел день, когда Лазарь умер. Ангелы подхватили его и усадили на почетное место близ Авраама.

Потом умер и богач, но он попал в ад. Корчась в муках, богач вдруг увидел вдали Лазаря рядом с Авраамом и закричал: „Отец мой Авраам! Смилуйся надо мной и вели Лазарю дать мне глоток воды — мои мучения ужасны".

Но Авраам ответил ему: „Вспомни — тебе довелось испытать в жизни удовольствия, а Лазарю доставались одни несчастья. Пусть же теперь он утешится, а ты пострадай.

Кроме того, вас все равно разделяет бездна, которую невозможно перейти".

Тогда богач попросил: „Прошу тебя, пошли Лазаря в дом моего отца, и пусть он все расскажет моим пятерым братьям — я не хочу, чтобы они мучились, как я".

„У них есть Закон Моисеев и писания пророков — пусть их слушают".

„Да это что! Вот если бы кто из умерших явился к ним, тогда бы они раскаялись в грехах!" — воскликнул богач.

„Если они Моисея и пророков не слушают, — возразил Авраам,— то пусть даже кто и воскреснет — они все равно не поверят"».

323

Притча
о неправедном судье

Лк 18:1-8

Иисус убеждал людей в том, что надо всегда надеяться на Бога и никогда не унывать, и что их молитва всегда будет услышана. И Он рассказал такую притчу:

«В одном городе жил бессовестный судья, не боящийся ни Божьей кары, ни людской молвы. В том же городе жила одна вдова, которая приходила к судье с просьбой помочь ей разрешить

тяжбу. Судья долгое время упирался, но в конце концов подумал: Бога и людей я не боюсь, но уж очень надоела мне эта вдова — помогу я ей, лишь бы только отвязалась».

«Подумайте, — продолжал Иисус. — Ведь так решил даже бесчестный судья. Так неужели Сам Бог не защитит Своих избранников, днем и ночью взывающих к Нему? Разве станет Он медлить? Уверяю вас, суд Его будет скорым и справедливым».

Иисус благословляет детей

Мф 19:13-15; Мк 10:13-16; Лк 18:15-17

Как-то к Иисусу привели детей, чтобы Иисус благословил их и помолился. Ученики же Иисуса стали детей выпроваживать, боясь, что они побеспокоят Учителя. Тогда Иисус воскликнул: «Не мешайте им подойти ко Мне — Царство Божие принадлежит таким, как они! Запомните, кто не примет Царства Божия, как эти дети, тот не войдет в него».

С этими словами Иисус обнял детей и благословил их.

О богатстве

Мф 19:16-29; Мк 10:17-30; Лк 18:18-30

Однажды к Иисусу обратился юноша: «Учитель, какие добрые дела я должен совершить, чтобы получить вечную жизнь?»

Иисус ему ответил: «Если хочешь получить вечную жизнь, соблюдай заповеди».

«Какие же?» — спросил юноша.

«Не убивай, — последовал ответ, — не развратничай;

не воруй;

не лги;

проявляй особое уважение к отцу с матерью;

люби ближнего своего, как любишь самого себя».

«Но эти заповеди я соблюдаю с детства! — воскликнул юноша. — Что же от меня еще требуется?»

«Если хочешь быть совершенным и обрести богатство на Небесах, продай все свое имущество и деньги раздай нищим, а потом следуй за Мной».

Юноша ушел опечаленный: он был очень богат.

Иисус же сказал ученикам: «Помните Мои слова: трудно войти тому, кто хоть чем-то владеет, в Царство Божие — легче верблюду пролезть через игольное ушко».

«Кто же тогда может спастись?» — воскликнули изумленные ученики.

Иисус пристально взглянул на них и ответил:

«Сам человек на это не способен. Только Бог может спасти его».

Тут задал вопрос Петр: «А что же будет с нами — мы ведь все бросили и последовали за Тобой?»

«Вы будете рядом со Мной в новой жизни и станете судить двенадцать колен Израиля. Всякий, кто пожертвует земными благами ради Меня, получит во сто раз больше и обретет вечную жизнь».

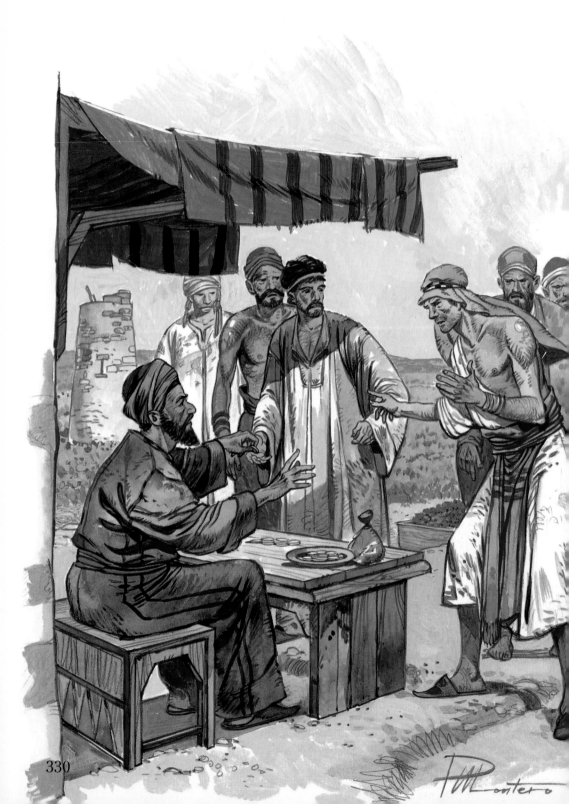

Притча о работниках в винограднике

Мф 20:1-16

Чтобы ученики лучше поняли, что такое Царство Божие, Иисус рассказал им притчу:

«Один человек ранним утром пошел нанимать людей для работы в своем винограднике. Договорившись платить им в день по динарию, хозяин велел им начать работу. В девять часов утра, придя на базарную площадь, он увидел болтающихся там без дела людей и спросил: „Что же вы бездельничаете?" Те ответили, что их никто не нанял. Тогда хозяин виноградника предложил и им поработать у него. Но на этом дело не кончилось: хозяин приходил на площадь каждые два часа и нанимал все новых людей, которых отправлял в виноградник.

Вечером же хозяин велел своему управляющему заплатить работникам, начав с тех, кто приступил к работе позже всех.

И вот, начавшие работу в пять часов вечера получили по динарию. Видя это, работники, трудившиеся с раннего утра, решили, что получат больше — но и им хозяин заплатил по динарию. Они стали недовольно шуметь: „Отработавшим всего один час ты заплатил столько же, сколько и нам — а мы целый день промучились на жаре".

Но хозяин ответил одному из них: „Послушай, приятель! Я тебя ничем не обидел — мы договаривались с тобой об одном динарии, верно? Забирай свои деньги и ступай. А уж мне решать, что делать с другими — и я хочу заплатить проработавшему один час столько же, сколько тебе. Или ты завидуешь моей щедрости?"»

«Так первые на земле будут последними в Царстве Божием, — закончил Иисус, — а последние — первыми».

Спасение сборщика налогов Закхея

Лк 19:1-10

Однажды Иисус оказался в городе Иерихоне. На Него очень хотел поглядеть богач по имени Закхей, главный сборщик налогов в городе. Но Закхей был мал ростом, и в огромной толпе ему никак не удавалось увидеть Иисуса. Тогда он забежал вперед и залез на дерево, ожидая приближения Иисуса. Когда Иисус проходил мимо дерева, Он заметил Закхея и сказал ему: «Закхей! Спускайся быстрее — Мне сегодня нужно быть в твоем доме».

Обрадованный Закхей гостеприимно встретил Иисуса. Народ начал возмущаться тем, что Иисус пришел в дом к грешному, всеми презираемому человеку; Закхей же встал и заявил: «Господин! Половину своего имущества я раздам нищим, а если у кого-то я забрал больше положенного, то верну ему деньги вчетверо».

Иисус сказал на это: «Закхей, отныне ты спасен! Сын Человеческий пришел, чтобы найти и спасти то, что было потеряно».

Притча о десяти минах

Лк 19:11-27

Иисус находился поблизости от Иерусалима, и многие ждали скорого прихода на землю Царства Божия. Тогда-то Иисус и рассказал притчу:

«Один очень знатный вельможа собрался в далекую страну, чтобы добиться там права на царский престол. Перед отъездом он призвал к себе десять слуг и дал каждому по мине (мерке серебра), велев им за время его отсутствия пустить деньги в оборот и получить прибыль.

Добившись престола, вельможа вернулся на родину и потребовал ответа у слуг, как они распорядились деньгами. Первый сообщил: „Господин! Мина, которую ты дал мне, принесла десять мин прибыли". Вельможа похвалил его и отдал под его начальство десять городов. Другой сказал, что выручил пять мин прибыли, и получил под свое начальство пять городов. Третий же произнес: „Господин, вот твоя мина в целости и сохранности. Я сберег ее, потому что боялся тебя: ты человек жестокий". Вельможа разгневался на него: „Ты сам себе

вынес приговор! Если ты знаешь, что я человек жестокий, почему же не пустил деньги в оборот и не принес мне прибыли? Заберите у него мину и отдайте тому, кто собрал десять мин". „Да ведь десять мин — это и так много!" — удивились слуги».

«Так вот, запомните, — обратился Иисус к собравшимся, — у кого есть, тому дадут еще, а у кого нет — и что имеется, отнимут». И сказав это, Он направился в Иерусалим.

Помазание Иисуса в Вифании

Мф 26:6-13; Мк 14:3-9; Ин 12:1-8

Перед Своим последним посещением Иерусалима Иисус остановился в Вифании, где снова увиделся с Лазарем и его сестрами — Марией и Марфой. В честь Иисуса был устроен торжественный ужин. Марфа прислуживала за столом, а Мария взяла очень дорогого мира (благовонного масла) и увлажнила им голову Иисуса, а затем помазала Ему маслом ноги и вытерла их своими волосами. Весь дом мгновенно наполнился благоуханием.

Ученики Иисуса были недовольны, что расходуется такое дорогое масло. Не лучше ли было бы, возмутились они, продать это масло, а деньги раздать нищим?

В ответ Иисус укоризненно сказал ученикам: «Что вы упрекаете женщину? Она сделала очень хорошее дело: нищие вам всегда встретятся, а Меня вы не всегда будете видеть. Помазав Меня миром, она приготовила Мое тело к погребению. И запомните, где бы в мире ни была провозглашена Радостная Весть, всюду будет сказано о Марии и о том, что она сделала».

Въезд Иисуса в Иерусалим

Мф 21:1-11; Мк 11:1-10; Лк 19:29-44;
Ин 12:12-19

Перед тем, как в последний раз войти в Иерусалим, Иисус велел двум ученикам пойти в ближайшее селение. «Там, — сказал Иисус, — вы увидите привязанного осленка, на которого еще никто не садился. Отвяжите его и приведите ко Мне. А если вас спросят, скажите, что осел понадобился Господу».

Зачем Иисусу был нужен осел? Чтобы въехать на нем в Иерусалим — таким образом, исполнились бы слова пророка Захарии, который предвещал, что Мессия въедет в Иерусалим на молодом осле.

Ученики привели осла, покрыли ему спину накидками, и усадив сверху Иисуса, тронулись в путь.

По пути в Иерусалим множество людей устилали Иисусу дорогу своей одеждой, другие ломали ветви с деревьев и бросали под ноги ослу. Шедшие спереди и сзади люди радостно кричали, приветствуя Иисуса как Сына Давидова и Мессию. Ученики Иисуса громко прославляли Его за совершенные чудеса. «Учитель, уйми их», — посоветовали Иисусу фарисеи. «Если они замолчат, то начнут кричать камни...» — ответил им Иисус. Глядя на городские стены, Он горько вздыхал, предсказывая Святому городу страшную судьбу.

Когда Иисус въехал в Иерусалим, в городе началось волнение. «Кто этот Человек?» — раздавались голоса из толпы.

«Это Иисус, пророк из Назарета», — следовал ответ.

337

В Храме

Мф 21:14-16; Мк 11:18; Лк 19:47-48

Оказавшись в Иерусалиме, Иисус сразу направился в Храм. Его тут же обступили находившиеся в Храме слепые и хромые, и Он их всех исцелил. Дети вокруг стали радостно восклицать, прославляя Сына Давидова.

Услышав это, первосвященники и учителя Закона разгневались и стали упрекать Иисуса: «Ты разве не слышишь, что́ они кричат?!»

«Слышу, — спокойно ответил Иисус, — а вы разве не читали в Писании, что дети и грудные младенцы славят Господа?»

Каждый день Иисус приходил проповедовать в Храм. Первосвященники же и учителя Закона стали думать, как бы им от Него избавиться. Но вокруг Иисуса постоянно толпился народ, и они боялись что-нибудь предпринять.

339

Две лепты бедной вдовы

Мк 12:41-44; Лк 21:1-4

Как-то Иисус сел напротив со-
кровищницы, куда молящиеся
опускали деньги, жертвуя на
Храм. Он внимательно наблюдал
за людьми: кто сколько пожертвует. Те, кто был побогаче, обычно
бросали в сокровищницу много
денег. Но вот к сокровищнице
подошла бедная вдова и опустила
в нее две лепты — мелкие медные
монетки.

Тогда Иисус подозвал к Себе
учеников и сказал им: «Знайте,
эта вдова пожертвовала больше
всех — ведь другие бросали в
сокровищницу лишние деньги,
она же положила все, что у нее
было».

341

Притча о десяти девах

Мф 25:1-13

Объясняя ученикам, что такое Царство Божие, Иисус рассказал им притчу о десяти девах:

«Десять девушек встречали жениха. У каждой из них был в руках светильник. Но пять девушек были неразумны и не захватили кувшинчиков с маслом, чтобы поддерживать огонь. Другие же пять были умными и не забыли взять масло.

Вышло так, что жених задержался в дороге, и девушки в ожидании его задремали. Когда уже наступила полночь, кто-то крикнул: „Жених появился! Идите, встречайте его!"

Девушки проснулись; светильники их уже догорали. Умные снова разожгли их, а неразумные начали просить: „Дайте нам масла — а то наши светильники погасли". Умные же им ответили: „Чтобы хватило масла и нам, и вам, сходите лучше и купите".

Неразумные побежали покупать масло, а умные тем временем встретили жениха, прошли с ним в комнату, где должен был начаться свадебный пир, и дверь за ними захлопнулась.

В этот момент вернулись неразумные девушки и начали просить: „Господин, господин! Открой нам дверь!"

Он же сказал им в ответ: „Нет, я вас не знаю"».

«Так что будьте все время начеку, — закончил Иисус, — потому что неизвестен день и час, когда придет Сын Человеческий».

Предательство Иуды

Мф 26:1-5, 14-16; Мк 14:1-2, 10-11;
Лк 22:1-6

До праздника Пасхи оставалось два дня. Первосвященники и учителя Закона по-прежнему искали, как им расправиться с Иисусом. Но в праздник они боялись это сделать, чтобы не вызвать волнения в народе.

Наконец выход был найден: к ним обратился один из двенадца-ти учеников Иисуса, Иуда Искариот, готовый предать Учителя. Первосвященники и учителя Закона обрадовались и посулили Иуде денег, тридцать серебряных монет, если он поможет им покончить с Иисусом. Иуда согласился и пообещал связаться с ними в нужный момент, когда Иисуса можно будет схватить незаметно, в отсутствие народа.

Приготовления к Пасхе

Мф 26:17-19; Мк 14:12-16; Лк 22:7-13

Наступил первый день Пасхи, когда по обычаю закалывали пасхального ягненка. Иисус велел Петру и Иоанну приготовить все необходимое для праздничной трапезы. «А где Ты хочешь ее устроить?» — спросили ученики. «Идите в город, — ответил им Иисус, — и вы сразу же встретите там человека с кувшином. Следуйте за ним. Когда войдете в его

дом, скажите: „Учитель велел спросить тебя: в какой комнате Ему с учениками провести пасхальную трапезу?" Он вам покажет большую комнату, устланную коврами. Там и подготовьте все к трапезе».

Ученики в точности выполнили распоряжение Иисуса. И когда наступил час начала праздника, Он возлег вместе с учениками у пасхального стола.

Иисус умывает ноги ученикам

Ин 13:1-15

Иисус уже знал, что близок час Его смерти. Во время трапезы Он встал из-за стола, снял с Себя верхнюю одежду и повязался полотенцем. Налив затем в таз воды, Он начал умывать ноги ученикам.

Когда дошла очередь до Симона Петра, тот воскликнул: «Господи! Тебе ли умывать мои

ноги?!» Но Иисус ответил: «Ты пока не понимаешь, что Я делаю — поймешь потом». Однако Петр никак не соглашался, чтобы Иисус умыл ему ноги, пока Тот не сказал ему: «Если Я не умою твоих ног, то ты больше не Мой ученик». Услышав это, Петр попросил: «Тогда умой мне и руки, и голову...» Но Иисус не стал этого делать, заметив: «Если человек чист, то ему достаточно умыть ноги. Вы чисты, хотя и не все».

Иисус так сказал, потому что знал, кто из учеников предаст Его.

Умыв всем ноги и надев верхнюю одежду, Иисус опять возлег около пасхального стола и спросил учеников: понятно ли им, что Он только что сделал? «Вы правильно называете Меня Учителем и Господом, — объяснил Он, — потому что Я действительно Учитель и Господь. И если Я, Учитель и Господь, умыл вам ноги, то и вы должны служить друг другу. Я показал вам пример, чтобы и вы так всегда поступали».

Тайная вечеря

Мф 26:20-29; Мк 14:17-25; Лк 22:14-23; Ин 13:18-27

Во время пасхальной трапезы Иисус сказал, обращаясь к ученикам: «Один из вас предаст Меня». Ученики были потрясены, и

каждый стал спрашивать: «Не я ли это, Господи?» Иисус ответил: «Тот, кто опустил одновременно со Мной руку в блюдо, тот и предаст Меня. Впрочем, Сыну Человеческому суждено испытать то, что предсказано в Писании... Но горе тому человеку, который предаст Его — лучше бы ему не родиться на свет!»

Спросил Иисуса и Иуда: «Уж не я ли это, Учитель?»

«Вот ты и сказал», — последовал ответ.

Трапеза продолжалась. Иисус взял в руки хлеб и произнес над ним благословение. Затем, разломив хлеб, Он дал его ученикам со словами: «Возьмите и ешьте: это Мое Тело. Совершайте такую трапезу, вспоминая обо Мне».

Потом Иисус взял чашу с вином, опять произнес благословение и подал чашу ученикам со словами: «Пейте все из этой чаши. Это Моя Кровь, Кровь Нового Завета, которая проливается за вас и за многих людей — чтобы простились им их грехи».

«Знайте, — продолжал Иисус, — теперь Я уже не буду пить виноградного вина — до того дня, когда Я буду пить с вами новое вино в Царстве Божием».

Предсказание об отречении Петра

Мф 26:30-35; Мк 14:26-31; Лк 22:31-34; Ин 13:31-38

По окончании пасхальной трапезы Иисус с учениками пропели благодарственный псалом и взошли на Масличную гору.

Там Иисус сказал ученикам: «Сегодня ночью вы все бросите Меня. Ведь сказано в Писании: „Сражу пастуха — и разбегутся овцы...“ Но когда Я воскресну, то встречу вас в Галилее».

Петр в ответ горячо воскликнул: «Пусть даже все Тебя покинут — но я никогда этого не сделаю!»

«Так знай, еще до утренних петухов ты трижды от Меня отречешься», — сказал ему Иисус.

«Пусть мне суждено оказаться в темнице или умереть вместе с тобой — но такому не бывать!» — снова воскликнул Петр. То же самое заявили и остальные ученики.

Путь в Царство Божие

Ин 14:1-6

«Не бойтесь, — далее наставлял учеников Иисус, — веруйте в Бога и веруйте в Меня.

Я приду в Дом Отца Моего и приготовлю вам там место, а потом опять приду за вами — чтобы вы были вместе со Мной.

Куда Я иду, вам известно, и путь туда вы знаете».

Но один из учеников Иисуса, Фома, воскликнул: «Нет, Господи, мы не знаем, куда Ты идешь! И откуда нам может быть известен путь?!»

«Я Сам — путь, истина и жизнь, — ответил Иисус, — и к Отцу Моему можно прийти только через Меня».

Гефсиманская молитва

Мф 26:36-46; Мк 14:32-42; Лк 22:39-46; Ин 17:1-18:1

На склоне Масличной горы рос сад, который назывался Гефсиманией. Туда и пришел Иисус с учениками.

Сказав, что Он идет молиться, Иисус позвал с собою Петра и братьев Иакова и Иоанна — сыновей Зеведея. Они углубились в сад; остальные ученики стали ждать их возвращения.

Иисус, охваченный горечью и тоской, попросил Петра и его товарищей: «У Меня очень тяжело на душе. Не спите, побудьте со Мною!» И отойдя чуть в сторону, Иисус стал горячо молиться; капли пота катились по Его лицу:

«Отец Мой! Если только возможно, избавь Меня от этих мучений. Впрочем, пусть свершится Твоя воля, а не Моя!»

Еще молился Иисус о Своих учениках, чтобы Его Отец поддержал и защитил их. Но вернувшись, Иисус обнаружил их спящими. «Неужели вы не могли даже один час побыть рядом со Мною? — печально спросил Он. — Не спите и молитесь, чтобы выдержать тяжелое испытание».

Затем Иисус опять отошел в сторону и продолжал молиться: «Отец Мой! Если невозможно для Меня избегнуть страданий, пусть будет так, как Ты хочешь!»

Утомленные же ученики Его опять заснули. Взглянув на них, Иисус в третий раз обратился к Отцу — все с той же молитвой.

После этого Он подошел к ученикам: «Все еще спите? Отдыхаете? А ведь наступает тот миг, когда Сына Человеческого отдадут во власть грешников! Встаньте и посмотрите — идет тот, кто предал Меня!»

Появление Иуды

Мф 26:47-50; Мк 14:43-46; Лк 22:47-48;
Ин 18:2-9

В этот момент в саду показался
Иуда, который привел с собой
первосвященников и старейшин.
С ними было много вооруженных
людей. Иуда заранее предупредил их: «Хватайте Того, Кого я
поцелую. Он-то вам и нужен».

Увидев Иисуса, Иуда подско-
чил к Нему со словами: «Привет-
ствую Тебя, Учитель!» — и поцеловал Его.

357

Арест Иисуса

Мф 26:51-58; Мк 14:47-53; Лк 22:49-54;
Ин 18:10-14

Иисуса тут же взяли под стражу. Бросившись на Его защиту, Петр выхватил меч и в стычке отсек ухо слуге первосвященника. Но

Иисус приказал ему спрятать оружие: «Взявшие в руки меч от меча и погибнут! Неужели ты не понимаешь — сто́ит Мне попросить Отца Моего, и Он пошлет бесчисленное множество ангелов защитить Меня! Но тогда не исполнятся пророчества Писаний...»

И обращаясь к окружавшим Его людям, Иисус воскликнул: «Вы пришли арестовывать Меня, словно разбойника — с мечами да кольями. А ведь сколько дней вас же Я и учил в Храме!» И повторил: «Все это произошло, чтобы исполнились пророчества Писания...»

Тем временем перепуганные ученики Иисуса разбежались кто куда. Только один юноша, накинув на голое тело покрывало, последовал за Иисусом. Но воины схватили его; юноша вырвался, оставив в их руках покрывало, и убежал.

Иисуса повели к первосвященнику Каиафе, где уже собрались старейшины и учителя Закона. Петр, крадучись, пошел следом.

Отречение Петра

Мф 26:58, 69-75; Мк 14:54, 66-72;
Лк 22:54-62; Ин 18:15-18, 25-27

Пока ночью шел допрос Иисуса в доме первосвященника Каиафы, Петр сидел во дворе вместе со слугами, греясь у костра. Неожиданно одна из служанок узнала его: «Ты был с Иисусом Галилеянином!»

Однако Петр стал уверять, что женщина ошибается.

Он перебрался подальше, к воротам, но там его увидела другая служанка, которая тоже заявила: «Этот человек был вместе с Иисусом Галилеянином». И опять Петр стал отнекиваться, убеждая присутствующих, что не знаком с Иисусом.

Но прошло немного времени, и Петра обвинили в третий раз: «А ты ведь точно один из них — твоя речь тебя выдает!» Но Петр, как и раньше, стал клясться и божиться, что никогда не знал никакого Иисуса.

И в этот момент раздался петушиный крик. Тут Петр и вспомнил слова, сказанные Иисусом: «Еще до утренних петухов ты трижды от Меня отречешься». И выбежав за ворота, он горько зарыдал.

Иисус перед синедрионом. Допрос у Пилата

Мф 26:59-68; 27:1-2, 11-14; Мк 14:55-65; 15:1-5; Лк 22:63-23:5; Ин 18:19-24, 28-38

Высший иудейский суд (он назывался синедрионом), первосвященники и старейшины искали свидетельств, на основании которых Иисусу можно было бы вынести смертный приговор. Приходили многие свидетели, давали ложные показания, но ни одно из них суду не подходило.

Наконец пришли два свидетеля, которые заявили: «Этот Чело-

век утверждал, что может разрушить Храм и за три дня вновь отстроить его».

Первосвященник тут же вскочил и обратился к Иисусу: «Что же Ты молчишь? Что Ты можешь возразить на эти обвинения?»

Но Иисус не произнес ни слова. Тогда первосвященник воскликнул: «Именем Бога Живого я требую ответа! Говори — Ты Мессия, Сын Божий?»

«Вот ты и сказал, — ответил Иисус, — и более того, знайте: отныне вы увидите Сына Человеческого, пребывающего на Небесах по правую руку Всемогущего».

В тот же миг первосвященник в гневе разодрал на себе одежды и обратился к синедриону: «Слышите, какое кощунство! Зачем нам еще нужны свидетели?! Неужели не ясно, что Он богохульствует?! Так какое будет ваше решение?»

«Да, Он виновен и достоин смерти», — последовал ответ.

После этого над Иисусом стали глумиться: Ему плевали в лицо, били по щекам. Избивая Его, кто-нибудь издевательски спрашивал: «А ну-ка, Мессия, угадай, кто Тебя ударил?»

Утром первосвященники и старейшины устроили совет, что

делать дальше, чтобы добиться для Иисуса смертного приговора. Было решено отправить Его, связанного, к Понтию Пилату, поставленному Римом править Иудеей.

Сначала Пилат не хотел заниматься делом Иисуса и предоставил иудеям право самим судить Его. Но синедрион не мог утвердить смертный приговор и требовал этого от Пилата.

Когда Иисус предстал перед Пилатом, тот спросил Его: «Ты в самом деле Царь Иудейский?»

«Вот ты и сказал», — последовал ответ.

В этот момент присутствовавшие здесь же первосвященники и старейшины стали хором обвинять Иисуса. Но Иисус не проронил ни слова.

«Ты что, не слышишь, — опять обратился к Нему Пилат, — вон сколько свидетельств против Тебя!»

Но Иисус по-прежнему молчал, чему правитель был крайне удивлен. Однако он сказал первосвященникам, что не видит за Иисусом никакой вины. Но те продолжали настаивать на Его виновности — дескать, Иисус будоражит народ по всей стране, от Галилеи до Иерусалима.

Иисус и Ирод

Лк 23:6-12

Пилат, услышав о Галилее, быстро спросил: «Он, что, оттуда родом?» И получив утвердительный ответ, отослал Иисуса к правителю Галилеи Ироду Антипе, прибывшему в Иерусалим на праздник Пасхи.

Ирод давно желал встретиться с Иисусом — он был наслышан о необыкновенных чудесах, совершаемых этим Человеком, и сам хотел увидеть какое-нибудь чудо. Поэтому Ирод очень обрадовался представившейся наконец возможности.

Он стал задавать Иисусу вопросы, но Тот не произнес ни слова. В то же время из толпы обступивших их первосвященников и учителей Закона наперебой сыпались обвинения в адрес Иисуса.

Так и не дождавшись ответа, Ирод со своими приближенными стал оскорблять Иисуса, всячески унижать Его. Наконец, в довершение издевательств, он приказал облачить Иисуса в дорогие одежды, после чего отвести обратно к Пилату.

Объявление приговора

Мф 27:15-26; Мк 15:6-15; Лк 23:13-25; Ин 18:39-40

Пилат понимал, что за Иисусом никакой вины нет, и искал возможности отпустить Его. К тому же, за Иисуса просила жена Пилата, которой ночью приснился страшный сон. «Не делай ничего этому Праведнику!» — умоляла она мужа.

Тогда Пилат решил воспользоваться обычаем, согласно которому на праздник Пасхи по требованию народа правитель освобождал одного из преступников.

Как раз в то время в заключении находился известный преступник по имени Варавва. Пилат обратился к толпе: «Скажите, кого мне отпустить — Варавву или Иисуса, Которого называют Мессией?»

Но находившиеся в толпе первосвященники и старейшины стали убеждать народ требовать освобождения Вараввы и казни Иисуса. Толпа закричала: «Отпусти Варавву!»

«А как же мне поступить с Иисусом?» — спросил Пилат.

«Распни Его!»

«Опомнитесь, что же Он вам плохого сделал?» — все еще пытался уговорить толпу Пилат. Но крики стали еще яростней: «Распни Его!»

Пилат, видя, что уговаривать толпу бесполезно, умыл руки (как бы снимая с себя всякую ответственность) и заявил: «Пусть будет по-вашему. Но помните, я не виновен в смерти этого Праведника». И велел отпустить Варавву, а Иисуса предать казни — распятию на кресте.

367

Терновый венец

Мф 27:27-31; Мк 15:16-20; Ин 19:2-3

Римские воины увели Иисуса. С Него сорвали одежду и облачили в красный плащ. На голову Ему водрузили сплетенную из колючек корону, а в руки сунули палку, которая должна была изображать царский жезл. Затем воины стали падать на колени, восклицая со смехом: «Да здравствует Царь Иудейский!» Они плевали Иисусу в лицо и избивали Его палкой. Вдоволь наиздевавшись, воины сорвали с Иисуса плащ, опять переодели в Его одежду и повели к месту казни.

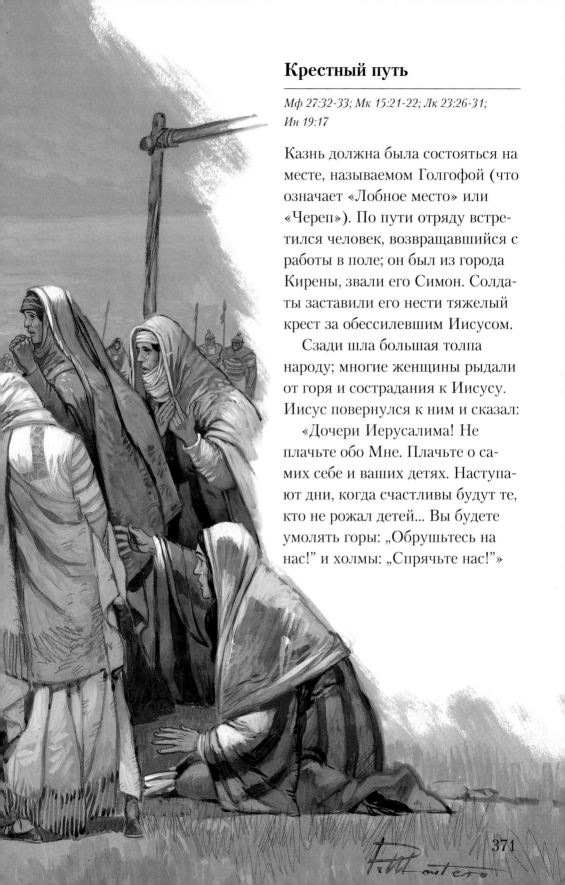

Крестный путь

Мф 27:32-33; Мк 15:21-22; Лк 23:26-31; Ин 19:17

Казнь должна была состояться на месте, называемом Голгофой (что означает «Лобное место» или «Череп»). По пути отряду встретился человек, возвращавшийся с работы в поле; он был из города Кирены, звали его Симон. Солдаты заставили его нести тяжелый крест за обессилевшим Иисусом.

Сзади шла большая толпа народу; многие женщины рыдали от горя и сострадания к Иисусу. Иисус повернулся к ним и сказал:

«Дочери Иерусалима! Не плачьте обо Мне. Плачьте о самих себе и ваших детях. Наступают дни, когда счастливы будут те, кто не рожал детей... Вы будете умолять горы: „Обрушьтесь на нас!" и холмы: „Спрячьте нас!"»

На кресте

Мф 27:34-43; Мк 15:23-32; Лк 23:34-38; Ин 19:18-27

Наконец они достигли Голгофы. Иисуса мучила жажда, и воины предложили Ему вина, смешанного с дурманящим соком. Однако Иисус, попробовав, не стал пить.

Ноги и руки Иисуса прибили к кресту, после чего четверо солдат стали бросать жребий — кому что достанется из Его одежды.

Он же только молился: «Отец Мой! Прости их — они не понимают, что делают...»

Иисуса распяли в девять часов утра, вместе с двумя разбойниками. Крест, на котором был распят Иисус, находился посредине; над головой Его укрепили табличку, где на трех языках — еврейском, латинском и греческом — было написано: «Иисус Назорей, Царь Иудейский». Первосвященников такая надпись не устраивала; они обратились к Пилату: «Не нужно писать „Царь Иудейский", лучше „Он называл Себя Царем Иудейским!"»

373

«Как написано, так написано!» — отрезал Пилат.

Собравшаяся у креста толпа издевалась над Иисусом:

«Эй, Царь Иудейский! Ты говорил, что можешь разрушить Храм, а затем отстроить его за три дня. Если Ты действительно Сын Божий, спаси Себя, сойди с креста!»

Потешались над Иисусом и присутствовавшие здесь же первосвященники, учителя Закона, фарисеи:

«Других спасал, а Себя спасти не может! Если Он Царь Израиля, пусть сойдет с креста — и мы тут же уверуем в Него! Он все надеялся на Бога, называл Себя Сыном Божиим — так пусть Бог спасет Его, если так Его любит!»

У самого же подножия креста стояли Мария — мать Иисуса, ее сестра — Мария Клеопова, и Мария Магдалина. Тут же был любимый ученик Иисуса. Увидев его, Иисус сказал матери: «Вот твой сын», а ученику сказал: «Вот твоя мать». (После смерти Иисуса этот ученик взял Марию к себе в дом.)

375

Смерть Иисуса

Мф 27:44-56; Мк 15:33-41; Лк 23:39-49;
Ин 19:28-30

Даже один из преступников, распятых вместе с Иисусом, не упустил возможности поиздеваться над Ним: «Если Ты Мессия, — злобно воскликнул он, — то спаси Себя и нас!»

Но второй преступник сурово одернул его: «Ведь и ты умрешь на кресте — неужели ты не боишься Бога, что говоришь такие вещи? Нас-то судили за дело — а Он ничего плохого не совершил». И попросил Иисуса: «Вспомни обо мне, Господи, когда вернешься Царем».

«Знай же, — ответил ему Иисус, — сегодня же ты будешь со Мною в раю!»

В полдень солнце померкло, и всю землю окутала тьма.

Около трех часов дня Иисус воскликнул: «Эли! Эли! (Боже Мой! Боже Мой!) Почему Ты Меня оставил?!»

Какой-то человек намочил губку и поднес ее на конце палки к губам Иисуса, чтобы облегчить Его страдания. Другие же, решив, что Иисус звал на помощь пророка Илию, стали этого человека удерживать: «Подожди! Давай посмотрим, придет ли Илия спасать Его?»

В три часа Иисус громко закричал: «Отец Мой! В руки Твои предаю Мой дух!»

Это были Его последние слова. Иисус умер.

В этот момент завеса в Храме, отделявшая Святилище от Святая Святых, разорвалась пополам. Земля содрогнулась, раскололись камни.

Страх охватил солдат, присутствовавших на казни. Римский сотник вознес молитву Богу и воскликнул: «Этот Человек действительно был праведником...»

Так же и вся толпа, собравшаяся поглазеть на казнь, возвращалась по домам, мучимая стыдом.

Все это видели стоявшие поодаль люди, которые знали Иисуса, в том числе и женщины, следовавшие за Ним из самой Галилеи.

Погребение Иисуса

Мф 27:57-61; Мк 15:42-47; Лк 23:50-56;
Ин 19:31-42

Иисус был распят в пятницу. Тела казненных нельзя было оставлять на кресте, поскольку наступал субботний день. Но двое преступников, распятых вместе с Иисусом, были еще живы — поэтому, по просьбе иудеев, римские воины уско-рили их смерть, перебив им голени.

Иисус же был мертв. Чтобы удостовериться в этом, один воин пронзил Ему грудь копьем, и оттуда истекла кровь и вода. Все это произошло точно так, как было написано в древних пророчествах о Мессии.

Вечером один богатый человек, Иосиф из города Аримафеи, который был членом синедриона и одновременно учеником Иисуса, пришел к Пилату. Человек добрый и не участвовавший в кознях синедриона, он просил правителя отдать ему тело Иисуса. Пилат удивился, что Иисус умер так быстро, но согласился выполнить просьбу Иосифа.

Иосиф вместе с фарисеем Никодимом, тоже высоко почитавшим Иисуса, обернули тело Учителя в чистое льняное полотно и положили Его в гробницу —

379

пещеру, которую Иосиф высек незадолго до этого в скале (он приготовил ее для себя). Привалив ко входу в гробницу большой камень, Иосиф и Никодим ушли. Ушли и оплакивавшие Иисуса женщины, чтобы не нарушать закона субботы. Дома они приготовили благовонные масла, чтобы помазать ими тело Иисуса в первый же день новой недели.

Стража у гроба

Мф 27:62-66

По прошествии субботы, вечером, первосвященники и фарисеи направились к Пилату и обратились к нему со следующей просьбой:

«Господин! Мы помним, как этот обманщик, когда еще был жив, обещал воскреснуть через три дня. Его ученики могут ночью украсть тело из гробницы, а потом объявить, что Он, дескать, воскрес из мертвых. Это будет еще худшая ложь — поэтому не мог бы ты приказать, чтобы гроб охраняли до послезавтра?»

Пилат им ответил: «Вот вам стража — идите и охраняйте гробницу, как сочтете нужным».

Стражники заняли свое место у гробницы; камень, закрывавший вход в нее, был опечатан.

Пустая гробница

Мф 28:1-8; Мк 16:1-8; Лк 24:1-10; Ин 20:1

На рассвете первого дня недели женщины пришли к гробнице, неся с собой приготовленные благовонные масла.

Вдруг с небес молнией сошел ангел Божий в белой, как снег, одежде. Ангел отбросил камень от входа в гробницу, так что земля затряслась, и сел на него.

Воины, охранявшие гробницу, от ужаса потеряли сознание.

Ангел же обратился к женщинам: «Не бойтесь. Я знаю, что вы ищете распятого Иисуса. Но не надо искать Живого среди мертвых. Он воскрес, как и обещал вам. Подойдите и посмотрите на то место, где лежал Господь. Затем немедленно идите и расскажите ученикам Иисуса, что Он воскрес из мертвых и будет ждать их в Галилее».

Покинув гробницу, женщины, одновременно радостные и испуганные, со всех ног бросились к ученикам Иисуса поделиться с ними великой радостью.

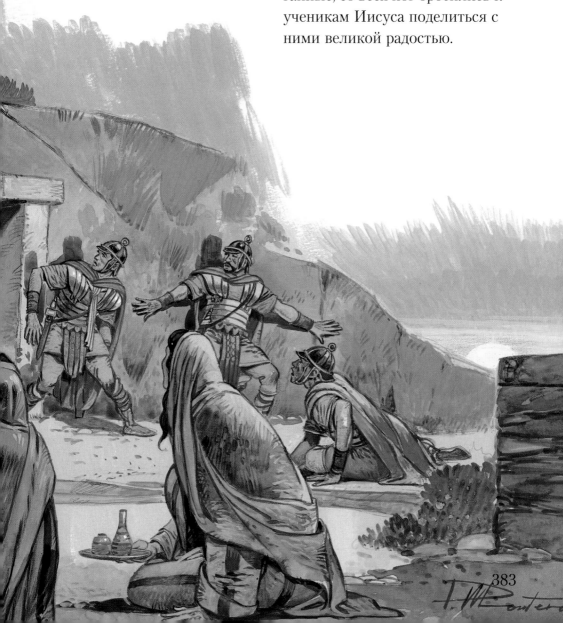

Иисус предстает перед Марией Магдалиной

Мк 16:9-11; Лк 24:12; Ин 20:3-18

Мария Магдалина прибежала к Петру и взволнованно сообщила ему, что тело Иисуса исчезло. Петр и еще один ученик Иисуса тотчас ринулись к гробнице. Петр бежал медленнее, и другой ученик (которого Иисус очень любил) первым оказался на месте.

Вскоре подоспел Петр и тотчас же вошел в гробницу. Иисуса действительно там не было — остались только льняное полотно, в которое было обернуто Его тело, и чуть поодаль — головная повязка. За ним в гробницу вошел другой ученик; только теперь они поверили, что Иисус исчез. Но что Он, как и предсказывали Писания, воскрес, они не понимали.

Ученики вернулись к себе; у гробницы осталась только плачущая Мария Магдалина. Заглянув внутрь, она увидела двух ангелов в белых одеяниях, сидящих на том месте, где раньше лежало тело Иисуса.

Ангелы сказали ей: «Что же ты плачешь, женщина?»

«Тело моего Господа унесли, а я даже не знаю, куда!» — восклик-нула Мария. В этот момент она обернулась и увидела какого-то человека. Это был Иисус, но Мария Магдалина не узнала Его и решила, что перед ней садовник.

«Что ты плачешь? Кого ищешь?» — спросил Иисус.

«Господин! — взмолилась Мария. —Если это ты унес тело, скажи мне, где оно. Я заберу его».

«Мария!» — услышала она в ответ и тотчас же узнала Иисуса: «Учитель!»

«Не прикасайся ко Мне, — предупредил ее Иисус, — ведь Я еще не вознесся к Отцу Моему. Иди к братьям Моим и скажи им, что Я взойду к Отцу и Богу — Моему и их».

Мария Магдалина побежала к рыдающим ученикам и все им рассказала.

Но ученики не поверили ей.

Иисус предстает перед учениками

Мк 16:14-16; Лк 24:36-48; Ин 20:19-21

Собираясь вместе, ученики не переставали говорить об Иисусе. И вот на одной из братских трапез Он Сам предстал перед ними со словами: «Мир вам!»

Ученики, решив, что перед ними призрак, очень испугались.

«Что же вы испугались? — пристыдил их Иисус. — И что за мысли приходят вам в голову? Посмотрите на Мои руки, ноги — это Я Сам, а вовсе не призрак. Посмотрите на Меня хорошенько, прикоснитесь ко Мне. Разве призрак может состоять из плоти и крови?»

Ученики даже не могли поверить — неужели им дарована такая великая радость? Тогда Иисус спросил, осталась ли у них какая-нибудь еда. Ему подали кусок жареной рыбы и мед. На глазах у всех Иисус поел и сказал:

«Говорил же Я, когда был еще вместе с вами — исполнятся все пророчества обо Мне, которые имеются в Писании, у пророков, в псалмах!» И Иисус стал разъяснять ученикам смысл Писания — что Мессии предстояло пострадать и воскреснуть на третий день, что во имя Иисуса по всей земле, начиная с Иерусалима, люди должны покаяться перед Богом, и грехи их будут прощены.

«И именно вы, — продолжал Иисус, — должны свидетельствовать обо всем этом».

Недоверчивый Фома

Ин 20:24-29

В тот момент, когда Иисус явился ученикам, Фомы — одного из двенадцати — с ними не было. Услышав позже о происшедшем, Фома заявил:

«Пока я не увижу на Его руках ран от гвоздей и сам не прикоснусь к этим ранам, не поверю!»

388

Через восемь дней ученики опять собрались вместе. На этот раз среди них был и Фома.

Хотя двери в комнату, где сидели ученики, были заперты, перед ними вдруг предстал Иисус. Он обратился к Фоме:

«Можешь потрогать Мои руки, прикоснуться к Моему телу. Оставь всякие сомнения! Ты должен верить!»

«Ты Господь и Бог мой!» — воскликнул в ответ Фома.

«Ты поверил потому, что увидел Меня, — сказал Иисус. — Как же счастливы те, что не видели Меня и все равно поверили!»

Явление Иисуса на Тивериадском озере

Ин 21:1-14

По прошествии некоторого времени Петр предложил другим ученикам — среди них были Фома, Нафанаил, сыновья Зеведея и еще двое — отправиться ловить рыбу на Тивериадское озеро.

Ночью они сели в лодку и отплыли подальше от берега, но вернулись, так ничего и не поймав. Утром же к ним подошел Иисус, Которого они не узнали.

«Дети Мои! — спросил Иисус. — У вас есть что-нибудь поесть?»

«Нет», — ответили ученики.

Тогда Иисус велел им отплыть от берега и закинуть сеть с правой стороны лодки. Ученики так и сделали; и в сеть набилось столько рыбы, что ученикам оказалось не под силу втащить ее в лодку.

«Не иначе, как это наш Господь!» — радостно воскликнул один из учеников (Иисус его очень любил). Тогда Петр стремглав бросился в воду и поплыл к берегу. Другие же ученики поплыли обратно на лодке, таща за собой сеть с рыбой.

Оказавшись на берегу, они увидели разложенный костер и жарящуюся на нем рыбу; тут же лежал хлеб. «Принесите рыбу, которую только что поймали», — велел Иисус.

Петр вытянул из воды сеть, в которой было более полутора

сотен крупных рыбин — и сеть при этом даже не порвалась!

За это время ни один из учеников даже не осмелился задать вопроса: «Кто Ты?» Впрочем, теперь все уже знали, Кто перед ними. «Садитесь, поешьте», — предложил Иисус. И подойдя к ученикам, Он Сам раздал им хлеб и рыбу.

Так Иисус, в третий раз после Своего Воскресения из мертвых, явился ученикам.

Вознесение Иисуса

Мк 16:19-20; Лк 24:50-53; Деян 1:2-11

Сорок дней живой Иисус являлся Своим ученикам, рассказывая им о Царстве Божием, а на сороковой день Он собрал учеников на Масличной горе и велел им никуда не отлучаться из Иерусалима: «Ждите исполнения обещания, данного Отцом. Иоанн крестил водой, а вы будете через несколько дней крещены Святым Духом»

Ученики решили, что в ближайшее время Иисус собирается возродить Израильское царство, и спросили Его, так ли это. Но Иисус ответил: «Вам не дано знать, какое время и какие сроки отводит Отец на Свой замысел. Но когда на вас сойдет Святой Дух и даст вам силу, вы будете свидетельствовать обо Мне в Иерусалиме, в Иудее, Самарии и по всей земле».

С этими словами Иисус скрылся в облаке и вознесся на небеса к Отцу.

Все это происходило на глазах учеников; тогда же перед ними вдруг предстали два ангела в белых одеждах.

«Что вы стоите и смотрите на небо, галилеяне? — сказали ангелы. — Иисус только что вознесся на небеса; потом вы увидите, что Он точно так же вернется».

Пятидесятница

Ин 15:26; 16:7; Деян 2:1-13

Иисус прежде объяснял ученикам, что Ему необходимо будет
вознестись к Отцу, чтобы послать
им Святого Духа. Теперь ученики
ждали, когда же Святой Дух
сойдет на них.

И вот, когда наступил день
Пятидесятницы — еврейский
праздник урожая, — собравшиеся
вместе ученики услышали шум с
неба, напоминавший гул урагáнно-
го ветра. В тот же миг они увидели
нечто, похожее на языки пламени,
которые разделились и по одному
коснулись каждого из них.

Ученики исполнились Святым
Духом, и вдруг обрели способность говорить на разных языках.

В это время в Иерусалим на
праздник Пятидесятницы собралось очень много благочестивых
иудеев и обращенных в иудаизм
язычников — из Парфии, Мидии,
Месопотамии, Египта и многих
других стран. Услышав шум, они
поспешили узнать, в чем дело.

Когда до каждого донеслась
речь на его родном языке, людей
охватило изумление и испуг.
«Что все это значит? Почему
эти галилеяне говорят о великих
делах Божиих на моем родном

языке? Откуда они его знают?» — спрашивали они друг друга.

Некоторые же просто смеялись, посчитав, что ученики выпили слишком много вина.

Служение апостолов. Петр и Иоанн перед синедрионом

Деян 2:43; 3:1-4:22

Исполненные Святым Духом, ученики Иисуса (по-гречески «апостолы») проповедовали людям, исцеляли их, совершали разные чудеса.

Однажды Петр и Иоанн отправились в Храм. У входа там сидел человек лет сорока, который от рождения не мог ходить. Каждое утро его приносили к Храму и сажали у дверей, где калека просил милостыню.

Стал он просить милостыню и у апостолов. Тогда Петр велел ему неотрывно глядеть на них. Больной послушался и во все глаза смотрел на апостолов, в надежде что-нибудь от них получить.

Но Петр сказал ему: «Золота и серебра у меня нет. Я тебе дам, что имею. Во имя Иисуса Христа встань и иди».

И взяв калеку за правую руку, он помог ему привстать. Вдруг

больной почувствовал силу в ногах, выпрямился в полный рост и пошел! Вместе с апостолами он направился в Храм, подпрыгивая от радости и громко благодаря Бога.

Вокруг толпились изумленные люди, только что ставшие свидетелями чуда. Петр обратился к ним, призвав покаяться в грехах: «Хоть и по незнанию своему, — сказал он, — но вы отреклись от Сына Божьего, Который пострадал, как это предсказывали пророки. Не своей силой, — объяснил Петр, — мы совершили это исцеление, и не потому что мы

такие праведные — это наша вера в Воскресшего Иисуса исцелила калеку».

И очень многие из толпы — почти пять тысяч человек — поверили в Иисуса.

В это время к апостолам подошли священники и саддукеи вместе с начальниками храмовой стражи; взбешенные проповедью о Воскресении Иисуса, они схватили апостолов.

До утра Петр и Иоанн просидели под замком, а утром пред-

стали перед синедрионом. Здесь были первосвященники Анна, Каиафа, многие старейшины и учителя Закона.

«Какой силой и от чьего имени вы совершили исцеление?»

Исполнившись Святым Духом, Петр с воодушевлением ответил:

«Во имя Иисуса Христа, Которого вы распяли, а Бог воскресил из мертвых, был исцелен этот человек! Только именем Христовым можно спастись!»

Видя, какие смелые речи произносят эти простые необразованные люди, члены синедриона очень удивились; они начали припоминать, что когда-то видели Петра и Иоанна вместе с Иисусом. Но что тут скажешь? Тем более, исцеленный находился здесь же, рядом с апостолами...

Тогда они приказали апостолам выйти и стали размышлять, как же им поступить. Поскольку множество людей видели чудо своими глазами, то отрицать его было бессмысленно. В итоге члены синедриона решили, что следует под страхом наказания запретить Петру и Иоанну упоминать имя Иисуса.

Они снова позвали апостолов и объявили им свое решение.

Однако Петр и Иоанн сказали в ответ: «Посудите сами: кому нам следует подчиняться прежде всего — Богу или вам? Мы не можем скрывать того, что сами видели и слышали».

Синедриону ничего не оставалось, как, пригрозив апостолам, отпустить их. О наказании не могло идти и речи — люди громко славили Бога за совершенное чудо.

Ангел освобождает апостолов из темницы. Новый допрос в синедрионе

Деян 5:16-42

Апостолы совершили много чудес, исцелили множество больных — не только из Иерусалима, но и из окрестных городов.

Первосвященники и саддукеи, крайне недовольные растущей известностью учеников Христа, опять схватили их и бросили в темницу. Но ночью ангел Божий отворил двери темницы и вывел оттуда апостолов, велев им идти проповедовать в Храм.

Утром первосвященник созвал синедрион и пригласил на заседание всех старейшин Израиля — надо было решить, как поступить с узниками. За апостолами послали в темницу, но посланные вернулись ни с чем; темница надежно заперта, объяснили они, стража, как и прежде, охраняет вход, но узники исчезли.

Члены синедриона и старейшины были в полном замешательстве, пока кто-то не сообщил, что апостолы проповедуют в Храме.

Туда направился начальник стражи со своими людьми. Силой принудить апостолов идти вместе с ним он не мог, так как боялся народного гнева — люди могли закидать стражников камнями. Но апостолы согласились добровольно пойти в синедрион, где тут же подверглись допросу.

«Разве мы не запретили вам учить от имени Иисуса? — с гневом спросил первосвященник. — Уже по всему Иерусалиму распространилось ваше учение! Вы хотите, чтобы нас обвинили в Его смерти!»

Апостолы же во главе с Петром ответили: «Надо прежде всего подчиняться Богу, а не людям. Вы убили Иисуса, а Бог воскресил Его. Бог сделал Иисуса Спасителем и Главой нашей, чтобы Израиль раскаялся в своих грехах. Об этом свидетельствуем мы и Дух Святой».

Эти слова привели присутствующих в настоящее бешенство; они готовы были убить апостолов. Но тут встал фарисей Гамалиил, которого очень уважали в народе, и, приказав на время увести допрашиваемых, обратился к членам синедриона. Он посоветовал им оставить учеников Иисуса в покое: «Если за их делами стоит человек, то успеха они не добьются; если же Бог направляет их — то вы в любом случае помешать им не сможете; берегитесь, как бы вам не стать врагами Божьими».

Синедрион послушался совета Гамалиила. Апостолов снова ввели в зал, избили и, запретив впредь проповедовать от имени Иисуса, отпустили.

Апостолы же только радовались, что им пришлось перенести унижения во имя Иисуса. Каждый день, в Храме и по домам, они продолжали нести Радостную Весть об Иисусе Христе.

Стефан, первый мученик

Деян 6:1-7:60

Все больше и больше людей,
услышавших проповедь апостолов, начинали верить в Иисуса.
Община верующих быстро росла;
необходимо было руководить ее
повседневной жизнью. Тогда
апостолы созвали учеников и
предложили им избрать семерых
самых опытных и мудрых из них,
которые и занялись бы насущны-
ми вопросами жизни общины — с
тем, чтобы апостолы могли продолжать нести людям Слово Божие.

Ученики выбрали семь человек, и апостолы, прочитав молитву, возложили на них руки.

Среди избранных был ученик
по имени Стефан. Он совершал
много чудес во имя Иисуса. Некоторые иудеи пытались спорить с
ним, но не могли ничего возразить на мудрые, исполненные
Святого Духа речи Стефана.
Тогда его противники решили
подговорить людей, чтобы те
оклеветали Стефана — якобы он
богохульствовал.

Возбужденная толпа, в которой были учителя Закона и фарисеи, схватила Стефана и повела его в синедрион. Лжесвидетели заявили, что Стефан оскорбительно отзывался о Храме и Законе Моисеевом, что он предсказывал, как Иисус Назорей разрушит Храм и отменит Закон.

Первосвященник спросил Стефана, признает ли он эти обвинения.

В ответ Стефан произнес страстную речь. Он поведал, как во все времена Бог хранил и спасал еврейский народ и как народ противился Богу, гнал и убивал пророков, возвещавших Слово Божие. «А теперь вы и сами, — продолжал Стефан, — сделались убийцами Праведника — Того, чей приход предсказывали пророки».

Члены синедриона, услышав все это, пришли в неописуемую ярость. А Стефан, исполненный Святого Духа, обратил взор к небу и громко воскликнул: «Вижу Сына Человеческого по правую руку Отца!»

Затыкая уши, члены синедриона с дикими воплями бросились на Стефана, выволокли его за пределы города и стали забрасывать камнями. Чтобы было сподручнее, они скинули с себя верхнюю одежду, которую сторожил юноша по имени Савл.

Под градом камней Стефан только молился и повторял: «Господь Иисус! Прими дух мой!» Потом он упал на колени, и со словами «Господь! Прости им этот грех!» умер.

Обращение Савла

Деян 8:1-4; 9:1-20; 22:4-13; 26:9-18

Савл, видевший, как убили Стефана, только радовался этому. Он был одним из тех, кто преследовал верующих в Иисуса. Когда в Иерусалиме начались гонения на первую Церковь, Савл врывался в дома верующих, хватал мужчин и женщин и волок их в темницу.

И тем не менее, ученики Иисуса продолжали проповедовать, исцелять людей именем Христовым, и все больше людей верили в Него — не только в Иерусалиме, но и в других местах, куда шли с проповедью апостолы.

Однажды Савл пришел к первосвященнику с просьбой отправить его в Дамаск. Там он собирался выявить последователей Иисуса и под стражей отправить их в Иерусалим.

Савл уже приближался к Дамаску, когда вдруг глаза ему ослепил яркий свет, исходящий с неба, и послышался голос: «Савл! Савл! Зачем ты гонишь Меня?»

«Кто Ты, Господь?» — спросил потрясенный Савл.

«Я Иисус, Которого ты гонишь».

«Что прикажешь мне делать, Господь?» — в ужасе спросил Савл.

«Встань и иди в город. Там узнаешь, что тебе нужно сделать».

Савл поднялся с земли, но оказалось, что он ничего не видит. Спутники взяли его под руки и так привели в Дамаск.

Три дня ослепший Савл ничего не ел и не пил, пока Господь не послал к нему Своего ученика по имени Анания. Господь сказал Анании, что Савлу предстоит в будущем возвещать Радостную Весть народу Израиля и другим народам.

Анания пришел в дом, где находился Савл, возложил на него руки и сказал: «Брат Савл! Господь Иисус, Которого ты встретил по пути в Дамаск, послал меня, чтобы ты прозрел и исполнился Святым Духом».

В тот же миг словно пелена спала с глаз Савла. Он опять стал видеть и сразу же крестился.

Еще несколько дней оставался Савл в Дамаске и проповедовал в синагогах об Иисусе — Сыне Божьем.

Явление ангела сотнику Корнилию. Видение Петра

Деян 10:1-16

В Кесарии, порту на побережье Средиземного моря, жил человек по имени Корнилий, сотник римской когорты. И он, и вся его семья, бывшие когда-то язычниками, глубоко почитали Единого Бога; очень благочестивый человек, Корнилий неустанно возносил молитвы Создателю и щедро раздавал милостыню.

Однажды днем, в час молитвы, ему явился ангел Божий и позвал: «Корнилий!»

«Что, господин?» — спросил сотник в испуге.

«Бог услышал твои молитвы и увидел твое милосердие. Пошли людей в город Иоппию за Симоном Петром: он гостит у кожевника Симона, в доме у самого моря. От Петра ты услышишь слова, что принесут спасение тебе и твоей семье».

С этими словами ангел исчез. Корнилий позвал двух своих слуг и одного из воинов (воин этот, подобно самому Корнилию, отличался особым благочестием). Все им рассказав, он направил их в Иоппию.

Посланцы уже приближались к городу, когда Петр вышел помолиться Богу. Время было полуденное, и апостол почувствовал голод. Но обед еще не был готов; между тем Петру открылось необыкновенное видение: с небес спускается к нему огромное полотно, подхваченное за четыре угла и переполненное самыми разными дикими животными, птицами, пресмыкающимися — всех их Закон запрещал к употреблению в пищу.

«Встань, Петр, — послышался голос, — и приготовь себе пищу!»

«Нет, Господь, — возразил Петр, — я никогда не ел ничего нечистого, запрещенного Законом!»

«Не считай нечистым того, что Бог очистил». Три раза повторил голос эти слова, и полотно опять взмыло в небеса.

Петр в гостях у Корнилия

Деян 10:17-48

Петр все еще размышлял, что могло бы означать это видение, когда Святой Дух велел ему: «Тебя ищут три человека. Сейчас же иди к ним и не опасайся: они посланы Мной».

Петр, подойдя к незнакомцам, сказал: «Я тот, кого вы ищете. С каким делом вы пришли ко мне?»

Они объяснили, что их послал сотник Корнилий, человек верующий и благочестивый, уважаемый всеми евреями: «Ангел Божий велел Корнилию пригласить тебя и послушать, что ты скажешь».

Петр пригласил их к себе, накормил, а на следующий день отправился вместе с ними и несколькими своими соратниками в Кесарию. Корнилий уже ожидал их, созвав родственников и близких друзей.

Выбежав навстречу Петру, Корнилий упал перед ним на колени, но Петр поднял его со словами: «Встань! Я ведь такой же человек, как и ты». Беседуя, они вошли в дом, где собралось множество народу.

Петр обратился к собравшимся: «Вы знаете, что иудею запрещено общаться и дружить с ино-племенниками. Однако Бог открыл мне, что я не должен никого считать нечистым. Поэтому я и пришел к вам по первому зову. Итак, зачем я вам понадобился?»

Корнилий рассказал ему о явлении ангела и его повелении пригласить Петра. «Спасибо, что ты пришел, — закончил Корнилий. — Мы внимательно выслушаем все, что Бог поручил тебе сказать».

«У Бога нет любимцев, — произнес Петр. — Он принимает людей всех народов, если они почитают Его и ведут праведную жизнь». Затем Петр стал говорить о Господе Иисусе, Его проповеди, смерти и Воскресении из мертвых.

«Он послал нас свидетельствовать о Себе, — сказал апостол. — По воле Божией Он судит живых и мертвых. И по предсказанию пророков, каждому верующему в Него будут прощены грехи».

Не успел Петр закончить, как Святой Дух сошел на всех, кто слушал его. Люди заговорили на других языках, славя Бога. Верующие в Иисуса евреи, пришедшие вместе с Петром, были поражены — Святой Дух сошел на язычников! Тогда Петр сказал: «Если на них, как и на нас, сошел Святой Дух, то почему они не могут креститься?»

И Петр велел им креститься во имя Иисуса Христа, после чего пробыл в Кесарии еще несколько дней.

Начало проповеди язычникам

Деян 11:1-26

Когда апостолы и их ученики в Иерусалиме услышали, что язычникам проповедовалось Слово Божие, они стали упрекать Петра: «Ты общался с иноплеменниками, сидел с ними за одним столом!» Тогда Петр подробно рассказал все, что случилось с ним в Иоппии и в доме Корнилия. «И если Бог даровал им то же, что и нам, поверившим в Господа Иисуса Христа — да кто я такой, чтобы препятствовать Богу?!» — взволнованно воскликнул Петр.

Выслушав рассказ Петра, апостолы решили, что и язычникам Бог даровал возможность раскаяться и обрести новую жизнь. Они успокоились и вознесли благодарственную молитву.

Между тем некоторые язычники, поверившие в Иисуса, принесли Радостную Весть в Антиохию. Множество местных жителей-язычников обратилось ко Христу. Узнав об этом, апостолы послали

на проповедь в Антиохию Варнаву.
Варнава нашел в городе Тарсе
Савла и взял его с собой. Целый год
они проповедовали в Антиохии.
Именно там их ученики стали
впервые называться христианами».

410

Чудесное освобождение Петра из темницы

Деян 12:1-17

В это время царь Ирод Агриппа начал преследовать молодую Церковь. Был убит Иаков Зеведеев; затем, на праздник Пасхи, был заключен под стражу апостол Петр.

Петра бросили в темницу; охраняли его четыре смены воинов по четыре человека в каждой смене. Сразу после Пасхи царь собирался отдать его на суд толпы.

Петр томился в темнице; между тем, вся Церковь горячо молилась за него. В ночь, когда Ирод собирался вывести его к толпе, Петр спал, прикованный цепями к двум охранникам. Двое других воинов несли охрану у дверей темницы.

Вдруг ангел Божий предстал посреди темницы; яркий свет наполнил ее. Ангел разбудил спящего Петра и велел ему вставать. Цепи тут же упали с рук апостола. Затем ангел велел Петру одеться и идти за ним. Петр так и сделал, хотя был уверен, что все происходящее с ним — только сон.

Беспрепятственно пройдя мимо двух групп стражников, они подошли к железным воротам, которые отворились сами собой.

Выйдя за ворота и пройдя улицу, Петр вдруг понял, что ангел исчез. Придя в себя от неожиданности, апостол воскликнул: «Теперь-то я вижу, что это Господь послал Своего ангела освободить меня из рук Ирода!»

Петр направился к дому Марии, матери Иоанна Марка, где ученики часто собирались на общую молитву. Петр постучал в ворота; из дома вышла служанка по имени Рода. Узнав голос Петра, она так обрадовалась, что, не открыв ворот, побежала в дом сообщить новость: «Петр пришел!»

«Ты что, с ума сошла?!» — не поверили ей. Но она продолжала настаивать на своем. «Это его ангел-хранитель», — решили присутствующие. Между тем, Петр продолжал стучать; дверь открыли, и все с изумлением увидели его, живого и невредимого. Он же, попросив тишины, рассказал им про свое чудесное освобождение из темницы.

Проповедь Павла язычникам

Деян 14:1-22

Павел (так теперь звали Савла) после своего крещения стал страстным проповедником Слова Божьего. Вместе с Варнавой он переходил из одной страны в другую, обращая ко Христу иудеев и язычников.

Но очень многие отказывались принять Добрую Весть и даже угрожали апостолам смертью. Так, в городе Иконии, в Малой Азии, население разделилось на сторонников апостолов и их противников. Враждебно настроенные иудеи и язычники сговорились убить апостолов, забросав их камнями. Узнав об этом, Павел и Варнава спешно перебрались в другой город — Листру.

В Листре же жил человек, который был калекой от рождения и не мог ходить. Как-то Павел во время проповеди обратил на него внимание и почувствовал, что у этого человека достаточно веры, чтобы исцелиться. Тогда Павел громко сказал: «Встань на ноги и иди!» И тотчас же калека вскочил на ноги и стал ходить!

Народ было решил, что это боги Зевс и Гермес в виде людей сошли на землю, но Павел объяснил толпе, что они с Варнавой — люди, во всем подобные прочим, но верующие в Единого Живого Бога. Они убеждали жителей Листры не приносить жертвы языческим богам.

Апостолы еще некоторое время проповедовали в Листре, пока там не появились ненавидящие их иудеи из Антиохии и Иконии, сумевшие убедить местных жителей, что апостолы лгут им. Разъяренная толпа закидала Павла камнями, и решив, что он мертв, выволокла его за город. Но когда ученики нашли его, Павел неожиданно очнулся и отправился с ними в город Дервию.

Несмотря на тяжелые испытания, апостолы продолжали нести людям Радостную Весть и основывать церкви во многих городах Римской империи.

Арест Павла и Силы

Деян 16:16-34

Когда Павел и его спутник Сила находились в городе Филиппы, как-то по пути им встретилась служанка, обладавшая даром ясновидения. Благодаря этому дару она приносила своим хозяевам большой доход. Пойдя за Павлом и его спутниками, служанка стала исступленно кричать: «Эти люди — слуги Всевышнего Бога! Они показывают нам путь ко Спасению!»

Так продолжалось много дней; наконец Павел не выдержал. «Именем Иисуса Христа! — обратился он к духу, которым была одержима женщина. — Повелеваю тебе выйти из нее!» И дух тут же покинул женщину.

Хозяева ее страшно разозлились: служанка не могла больше приносить им доход. Они схватили апостолов и потащили их на городскую площадь. «Эти иудеи вызывают в городе беспорядки, — заявили они, — и уговаривают нас принять чуждые римским гражданам обычаи».

Толпа на площади пришла в негодование; городские власти велели сорвать с апостолов одежду и подвергнуть их наказанию палками. Затем избитые апостолы были брошены в темницу; охраннику приказали крепко стеречь их. Охранник препроводил узников в камеру и зажал им ноги в деревянные колоды.

Около полуночи Павел и Сила стали молиться и петь гимны Богу. Внезапно земля затряслась — да так, что стены темницы заходили ходуном; двери ее распахнулись. Цепи, в которые были закованы апостолы, расковались сами собой.

Проснувшийся охранник, увидев, что двери темницы открыты, решил, что узники сбежали. В отчаянии он выхватил меч и хотел заколоть себя, но в этот момент Павел громко крикнул: «Не делай этого — мы здесь!»

С факелом в руках охранник вбежал в темницу и упал на колени перед Павлом и Силой. Затем он их вывел из темницы и спросил: «Господа мои! Что мне делать, чтобы обрести спасение?»

«Веруй в Господа Иисуса Христа! Тогда спасешься и ты, и вся твоя семья», — последовал ответ.

Охранник привел апостолов к себе домой, омыл и перевязал их раны. Потом он крестился вместе со всей семьей, и по этому случаю был устроен радостный пир.

Обращение Павла к пресвитерам

Деян 20:16-38

Очередное свое многомесячное путешествие Павел собирался завершить в Иерусалиме. Он торопился поспеть туда к празднику Пятидесятницы. Чтобы не задерживаться в пути, Павел миновал город Эфес, сразу прибыв в Милет. Но тем не менее он вызвал из Эфеса пресвитеров, возглавлявших тамошнюю общину верующих, чтобы дать им наставления (часто такие наставления Павел

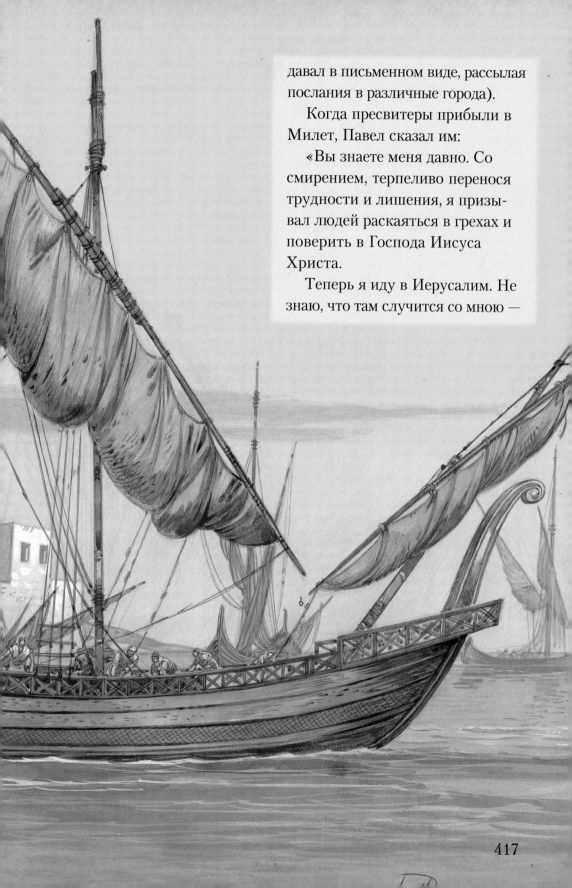

давал в письменном виде, рассылая послания в различные города).

Когда пресвитеры прибыли в Милет, Павел сказал им:

«Вы знаете меня давно. Со смирением, терпеливо перенося трудности и лишения, я призывал людей раскаяться в грехах и поверить в Господа Иисуса Христа.

Теперь я иду в Иерусалим. Не знаю, что там случится со мною —

только в каждом городе Святой Дух предупреждает, что не миновать мне темницы и тяжких страданий. Но я готов отдать свою жизнь за то, чтобы выполнить возложенную на меня Господом Иисусом задачу: донести до людей Радостную Весть.

Вы уже больше меня не увидите, поэтому хочу сказать вам сегодня: я сделал все, что мог. Отныне на вас ложится вся ответственность перед Богом и верующими. Будьте бдительными пастухами своему стаду, ибо я знаю: в мое отсутствие явятся злобные волки, которые не пощадят стадо. Появятся люди, старающиеся сбить верующих с правильного пути, увлечь их за собою.

Поэтому никогда не забывайте, чему я учил вас три года.

Да хранит вас Бог! Слово Его научит вас большему, чем научил вас я.

Вы знаете, что я ни от кого не принимал ни золота, ни серебра, ни одежды. На свою жизнь я зарабатывал вот этими руками. Так и вы трудитесь, поддерживая бедных и больных, помня слова Господа Иисуса: „Лучше давать, чем принимать"».

Сказав это, Павел встал на колени и вместе со всеми помолился. Присутствующие со слезами на глазах обнимали и целовали апостола, с горечью сознавая, что им уже больше не придется его увидеть. Потом, все вместе, они проводили его до корабля.

Павел в Иерусалиме

Деян 21:27-23:23

Когда, по прибытии в Иерусалим, Павел появился в Храме, то некоторые иудеи стали подстрекать против него толпу: Павел, говорили они, выступает против народа, он возбуждает людей против Храма и Закона.

В городе начались волнения; Павла схватили и выволокли из Храма. Еще немного, и его убили бы, но в это самое время о волнениях сообщили римскому военачальнику. Он поспешил со своими воинами к Храму. Воины вытащили избитого апостола из толпы и заковали в кандалы. Военачальник обратился к толпе: «Кто он и что натворил?»

Из криков толпы ничего нельзя было понять, и Павла решено было отвести в крепость. Когда они поднимались по лестнице, Павел попросил разрешения обратиться к народу. Ему разрешили, и апостол на еврейском языке обратился к толпе, требовавшей его смерти.

Он рассказал о своей жизни, о том, как когда-то преследовал верующих в Иисуса, как присутствовал при убийстве Стефана. Далее он рассказал о своем обращении по пути в Дамаск и о проповеди Слова Божьего язычникам.

Как только речь зашла о язычниках, в толпе опять начали раздаваться яростные крики и требования предать Павла смерти.

На другой день римский военачальник, чтобы узнать, в чем же именно обвиняют Павла, передал его на суд синедриона.

Апостол заявил судьям, что совесть его чиста перед Богом, но первосвященник Анания приказал бить Павла. На это Павел воскликнул: «Потом Бог будет бить тебя! Ты должен судить меня по закону — и сам же его нарушаешь!»

Павла тут же одернули: «Ты как разговариваешь с первосвященником?!»

«Я не знал, братья, что это первосвященник, — ответил Павел, — а то ведь сказано в Писаниях — „не брани начальников"...»

Чуть позже, поняв, что часть членов синедриона относятся к фарисеям, а другая часть — к саддукеям, Павел воскликнул: «Братья! Я фарисей, и судят меня за веру в воскресение мертвых!»

Дело в том, что фарисеи разделяли веру в воскресение мертвых, а саддукеи не верили ни в воскресение, ни в ангелов. В итоге слова

Павла вызвали бурные споры со взаимными обвинениями. Учителя Закона со стороны фарисеев попытались защитить апостола, заявив, что никакой вины в нем не находят. «Если же его устами говорил ангел Божий, — добавили они, — не будем же мы противиться Богу?!»

Однако скандал разгорался, и римский военачальник, опасаясь, что Павла здесь разорвут на части, приказал воинам отвести его обратно в крепость.

На следующую ночь Павлу явился Господь и сказал: «Дерзай, Павел! Ты свидетельствовал обо Мне в Иерусалиме, и теперь будешь свидетельствовать в Риме».

В это время часть иудеев организовала заговор против Павла; они поклялись, что не будут ни пить, ни есть до тех пор, пока не убьют его. Но об этом узнал племянник Павла и предупредил римские власти. Тогда апостола решено было отправить в Кесарию, в сопровождении большого отряда (Павел имел римское гражданство, и власти не хотели допустить над ним расправы).

Павел в Кесарии

Деян 24:1-26:32

Не успел Павел оказаться в Кесарии, как туда прибыли из Иерусалима первосвященник Анания и старейшины. Их принял правитель Феликс; тут же находился и Павел. Иудеи стали обвинять апостола в призывах к мятежу, в осквернении Храма и настаивали на суде. Павел отверг все обвинения, еще раз заявив, что его судили за веру в воскресение мертвых.

421

Феликс решил отложить рассмотрение дела, чтобы получше разобраться, к чему призывает Павел. Тем временем апостол, хотя и находился под стражей, чувствовал себя достаточно свободно и имел возможность встречаться с близкими.

Как-то Феликс решил узнать от Павла о его вере в Иисуса Христа. Но стоило ему услышать о необходимости праведной жизни, целомудрии и о грядущем Божьем суде над грешниками, Феликс испугался и прервал беседу. Однако впоследствии он часто беседовал с Павлом, надеясь получить от него деньги взамен на освобождение.

Так прошло два года. На место Феликса был назначен Порций Фест, а Павла по-прежнему держали под стражей. Враги Павла стали требовать суда над ним уже у нового правителя. Фест решил избавиться от узника и спросил, не желает ли тот быть судимым в Иерусалиме? Но Павел настаивал на своем праве быть судимым только судом императора. Тогда Фест, поговорив с советниками, объявил апостолу: «Ты требуешь суда императора — тогда к нему и отправишься».

Через несколько дней в Кесарию прибыл царь Агриппа —

поздравить Феста с новым назначением. Фест рассказал все, что ему было известно про Павла — как тот оказался в Кесарии, как иудеи требуют суда над ним. Правитель объяснил, что между иудеями и Павлом идут споры о каком-то

Иисусе, Который умер, а Павел утверждает, что Он жив. Агриппа заинтересовался и захотел сам послушать апостола.

На следующий день Павел предстал перед Агриппой, Фестом, многими знатнейшими людьми города. Он опять рассказал историю своей жизни. «Все, о чем я свидетельствую, — закончил Павел, — уже говорили Моисей и пророки. Что Христос пострадает и, воскреснув из мертвых, принесет свет иудеям и язычникам!»

«Да ты не в своем уме! — не выдержал Фест. — Погубит тебя твоя ученость...»

«Нет, достопочтенный Фест, — возразил Павел, — я вовсе не безумец. Во всем, что я говорю, есть истина и здравый смысл. Вот и царь меня поддержит — все это давно известные вещи. Агриппа, ты веришь пророкам? Ведь знаю, что веришь!»

«Уж слишком быстро ты хочешь меня сделать христианином...» — заметил Агриппа.

«Сейчас или со временем, — ответил апостол, — но я молю Бога, чтобы вы все стали такими, как я — только, разумеется, без этих кандалов».

Царь, правитель и все прочие стали совещаться. Они пришли к

выводу, что Павел действительно не сделал ничего такого, за что его стоило бы казнить или держать под стражей. Агриппа сказал Фесту, что Павла можно было бы освободить, если бы апостол не требовал императорского суда. В итоге они решили отправить Павла в Рим, к императору.

Кораблекрушение

Деян 27:1-44

После многодневного плавания по Средиземному морю корабль, на котором Павла и еще нескольких узников отправили в Рим, оказался вблизи острова Крит. Павел предупреждал, что надо

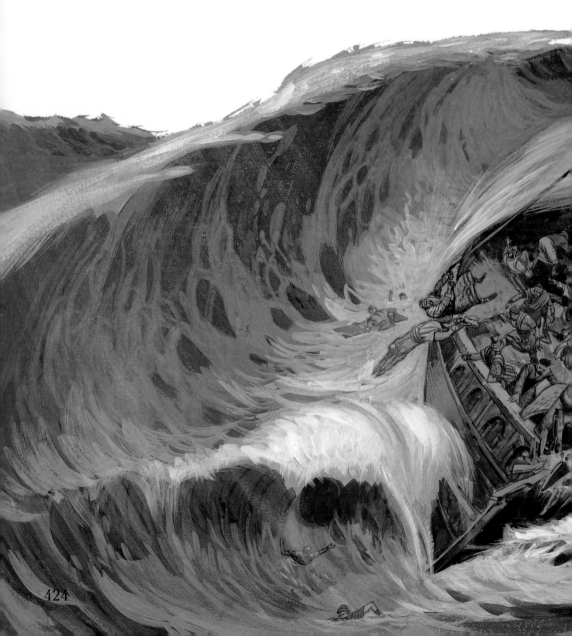

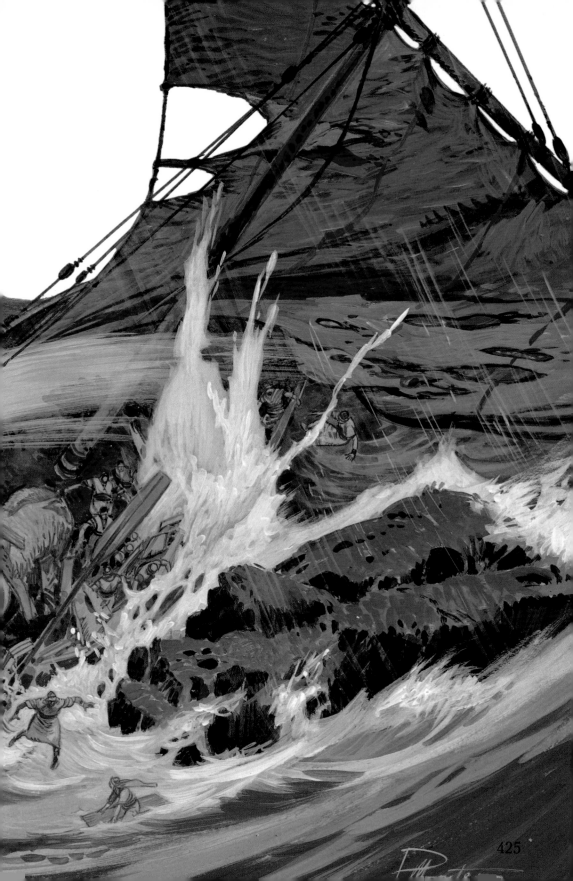

причалить к берегу и переждать надвигающуюся непогоду, но сотник, по приказу Феста сопровождавший Павла, больше доверял капитану корабля. Путешествие продолжалось, но вскоре разыгралась страшная буря. Судно как щепку носило по волнам. Чтобы не сесть на мель, пришлось сначала спустить парус, а вскоре и сбрасывать в море лишний груз. Так продолжалось много дней, а буре не видно было конца.

Все уже потеряли надежду на спасение, когда Павел обратился к спутникам: «Я предупреждал, что надо переждать непогоду на Крите — вы же меня не послушались. Но не отчаивайтесь: никто из вас не погибнет, хотя корабль действительно разобьется. Об этом мне сказал ангел Божий, явившийся этой ночью. Еще он сказал: „Не бойся, Павел! Ты должен предстать перед императором, поэтому всем твоим спутникам Бог дарует жизнь". Так что ободритесь — как Бог сказал, так и будет. Нас выбросит на какой-нибудь остров».

На четырнадцатый день вдали показалась земля. Это был остров Мальта. Боясь разбиться о камни, команда корабля решила тайком спустить шлюпку и доплыть на ней до земли. Но Павел предупредил сотника и воинов: «Если команда не останется на корабле, то вы все погибнете». Тогда воины перерезали веревки на шлюпке, и она упала в море.

Шторм продолжался. Павел уговаривал всех поесть, чтобы подкрепить силы. «Не бойтесь, — ободрял он, — все останутся живы». Настроение у команды и воинов — а всего на корабле было почти триста человек — поднялось, люди поели и принялись выбрасывать за борт груз пшеницы, чтобы уменьшить общий вес судна.

Скоро корабль вынесло в залив, и уже стал ясно виден пологий берег. Однако случилось непредвиденное: корабль сел на мель, да так, что нос его увяз в песке, а корму продолжало швырять волнами. Воины уже хотели было убить узников, чтобы они не скрылись, вплавь добравшись до берега. Однако сотник, от

426

которого требовалось доставить Павла живым, приказал воинам самим прыгать за борт и плыть к берегу — самостоятельно или уцепившись за доски. В итоге все благополучно выбрались на берег.

Прибытие в Рим

Деян 28:11-31

Прошло еще несколько месяцев, пока Павел и другие узники прибыли наконец в Рим. Узнав об этом, местные христиане вышли им навстречу. Увидев их, Павел очень обрадовался и вознес Богу благодарственную молитву.

Апостола поселили отдельно, приставив к нему воина-охранника. Через три дня после приезда Павел созвал к себе наиболее чтимых в городе иудеев и обратился к ним со словами:

«Братья! Я ничего плохого не сделал своему народу и не нарушал древних традиций. Но вот меня в кандалах привезли из Иерусалима в Рим.

Римские власти хотели отпустить меня, потому что я ни в чем не виноват. Однако у иерусалимских иудеев было другое мнение — и мне пришлось потребовать императорского суда.

Я не собираюсь ни в чем обвинять мой народ, только хочу увидеться и поговорить с вами».

«Но нам о тебе ничего не известно! — воскликнули иудеи. — Ни в письмах ничего не было, да и приезжие ничего о тебе не говорили. Мы знаем, что везде спорят о новом учении — расскажи о нем».

В назначенный день они собрались у Павла, и он до позднего вечера говорил им о Царстве Божием, ссылаясь при этом на слова пророков и Закон Моисеев. Кого-то его слова убедили, кого-то — нет. Когда, продолжая спорить, они стали расходиться, Павел напомнил, что Бог сказал устами пророка Исайи:

«Будут слушать, и не услышат; будут смотреть и не увидят. Огрубели сердца у этого народа, закрыты их глаза и уши. Иначе обратились бы они ко Мне, чтобы Я исцелил их».

«Итак, знайте, — закончил Павел. — Спасение Божие послано язычникам. Они это и услышат».

Еще два года жил Павел в Риме. Сам зарабатывая себе на жизнь, он принимал всех, кто приходил к нему. Апостол смело и вдохновенно проповедовал о Царстве Божием, рассказывал о Господе Иисусе Христе.

430

На Иисусе было длинное одеяние, которое носили иудейские цари и первосвященники, подпоясанное золотым поясом. Голова и волосы Иисуса были белы как снег. Лицо Его сияло как солнце, глаза горели огнем. Голос Его был подобен шуму водопада, а в руке Он держал семь звезд.

Когда Иоанн увидел Иисуса, он в ужасе упал к Его ногам. Но Иисус, прикоснувшись к нему рукой, успокоил апостола.

Господь велел Иоанну записать то, что Он ему скажет:

«Семь звезд — это Ангелы семи христианских Церквей, а светильники — сами Церкви».

И Иисус обратился через Иоанна к каждой Церкви. Он обличал Церкви за совершенные ими грехи и хвалил за терпение, стойкость в вере. Господь велел бороться с лжеучениями, обещая строго наказать нераскаявшихся. Он предупредил, что земное богатство лишь ослепляет и призвал обрести богатство истинное, от Бога.

Далее Иисус открыл Иоанну грандиозные картины будущих времен — как будет происходить последняя битва Бога с сатаной, как Бог накажет грешное человечество.

Видение апостола Иоанна

Откр 1:1-18:24

Апостол Иоанн, сосланный на остров Патмос, в один из воскресных дней испытал необыкновенное озарение. Он услышал позади себя громовой голос. Обернувшись, Иоанн увидел семь золотых светильников, а посреди них Иисуса.

432

Видение Нового Мира

Откр 19:1-22:20

Великая битва завершилась победой Бога. Сатана и все его воинство были уничтожены.

Иоанну открылось, как с небес сходит на землю новый Иерусалим. В нем будет жить спасенное человечество, и никакие беды, болезни, страдания уже не будут грозить людям.

В необыкновенном, сияющем золотом и драгоценными камнями городе уже не будет Храма — ибо Сам Господь Бог и Иисус есть Храм. В городе будет вечный день, ибо Иисус будет Светом людям.

Но только те получат право жить в новом мире, кто соблюдает заповеди Божии, а остальные не смогут войти в него.

«Скоро Я приду к вам», — сказал Иисус.

Приди, Господь Иисус!

ОГЛАВЛЕНИЕ

ВЕТХИЙ ЗАВЕТ

НОВЫЙ ЗАВЕТ

РОССИЙСКОЕ БИБЛЕЙСКОЕ ОБЩЕСТВО

Информация о новых изданиях,
каталог и прейскурант: www.biblia.ru

БЕСПЛАТНЫЙ КАТАЛОГ
можно заказать по адресу 115 054, Москва, а/я 3
или по электронной почте: katalog@bsr.ru

Российское Библейское общество
115 054, Москва, ул. Валовая, 8/14

Тираж 19 000 экз.

Printed by Scandinavia Publishing House